JOVEM
APAIXONADO

JOVEM APAIXONADO

DESAFIANDO O DESNECESSÁRIO
ADIAMENTO DO CASAMENTO

TED CUNNINGHAM

EDITORA VIDA
Rua Isidro Tinoco, 70 Tatuapé
CEP 03316-010 São Paulo, SP
Tel.: 0 xx 11 2618 7000
Fax: 0 xx 11 2618 7030
www.editoravida.com.br

©2011, Ted Cunningham
Originalmente publicado nos EUA com o título
Young and in Love
Copyright da edição brasileira ©2013, Editora Vida
Edição publicada com permissão de David C Cook
(Colorado Springs, CO, USA).

∎

Todos os grifos são dos autores.

∎

Todos os direitos desta tradução em língua portuguesa reservados por Editora Vida.

PROIBIDA A REPRODUÇÃO POR QUAISQUER MEIOS, SALVO EM BREVES CITAÇÕES, COM INDICAÇÃO DA FONTE.

∎

Editor responsável: Marcelo Smargiasse
Editor-assistente: Gisele Romão da Cruz Santiago
Tradução: Lena Aranha
Revisão de tradução: Andrea Filatro
Revisão de provas: Josemar de Souza Pinto
Diagramação: Jônatas Jacob
Capa: Arte Peniel

Scripture quotations taken from *Bíblia Sagrada, Nova Versão Internacional, NVI*®
Copyright © 1993, 2000 by International Bible Society®.
Used by permission IBS-STL U.S.
All rights reserved worldwide.
Edição publicada por Editora Vida, salvo indicação em contrário.

Todas as citações bíblicas e de terceiros foram adaptadas segundo o Acordo Ortográfico da Língua Portuguesa, assinado em 1990, em vigor desde janeiro de 2009.

1. edição: jun. 2013

Dados Internacionais de Catalogação na Publicação (CIP)
(Câmara Brasileira do Livro, SP, Brasil)

Cunningham, Ted
Jovem apaixonado : desafiando o desnecessário adiamento do casamento / Ted Cunningham ; [tradução Lena Aranha]. — 1. ed. — São Paulo : Editora Vida, 2013.

Título original: Young and in Love.
ISBN 978-85-383-0277-3

1. Casais - Relacionamento 2. Casamento - Aspectos religiosos - Cristianismo I. Título.

13-04184   CDD- 261.8358

Índices para catálogo sistemático:
1. Casamento : Aspectos religiosos : Cristianismo 261.8358

Para meus filhos,
Corynn e Carson,
e seus futuros cônjuges.

Agradecimentos

Sou muito grato à equipe de David C. Cook. Obrigado por acreditar nesta mensagem. Alex Field é um grande amigo e autor. Obrigado a Don Pape, Terry Behimer, Ingrid Beck, Caitlyn York e às equipes de vendas e de *marketing* por sua competência. Este livro estimulou muitas conversas animadas na Cook, portanto obrigado por terem concordado em imprimir esta mensagem.

Deus tem me abençoado com muitos amigos e mentores maravilhosos no ministério. Gary Smalley é um constante encorajador e mentor já há dez anos agora. Obrigado, Gary, por imaginar um futuro especial para mim. Joe White balança muito a cabeça quando falo, mas acredita em seu pastor. Obrigado, Joe, por confiar em mim para compartilhar em Men at the Cross [Homens na cruz]. Margaret Feinberg tem sido uma graciosa mentora de escrita. PROMETI a ela que nunca usaria de novo letras maiúsculas ao escrever. Ela odeia que gritem com ela na escrita. Michael e Ali Hall, Steve e Barbara Uhlmann, Marc e Jennifer Harris, e Mark e Kay Connelly, todos pró-casamento, são parceiros fantásticos de ministério.

O meu pai me ensinou que a responsabilidade deve preceder o privilégio. A minha mãe tem sido minha editora desde a sexta série. Ainda me lembro de telefonar para casa aos 21 anos e lhes contar sobre Amy. Eles ficaram mais que entusiasmados. Gosto do fato de os meus pais crerem no casamento de jovens.

Sou grato à minha esposa, Amy, a primeira leitora de todos os manuscritos. Ela é brutalmente honesta. Critica tanto a minha escrita quanto a minha fala. Quando algo precisa ser mudado, ela me encoraja gentilmente. Estou contente por termos casado cedo.

Os meus filhos, Carson e Corynn, sempre descobrem uma maneira de aparecer em todo o livro. Estão ficando mais velhos e começaram a ler. Terei de me ajustar a eles.

A Woodland Hills Family Church sempre apoiou a minha paixão em lutar pelo casamento e pela família. Angela Jennings é a voz mosaica mais apaixonada da nossa equipe e editou com minúcias este livro, do começo ao fim. Pam Strayer é uma leitora precoce bastante confiável. Jim Sedlacek, Ted Burden e Denise Bevins dirigem o espetáculo enquanto fico estudando e escrevendo. Brenda Pannell e Stephanie Watson são sempre entusiastas em "absorver os golpes" em meu nome.

Agradeço à Herschend Family Entertainment Corporation por nos permitir que alugássemos o castelo púrpura para a nossa igreja familiar. Os Herschend sempre lutaram pela família e somos agradecidos a eles.

Sumário

Capítulo 1: Caça às raposas   11

Capítulo 2: Por favor, chega de conversar sobre pureza   23

Capítulo 3: O tom   47

Capítulo 4: As consequências   63

Capítulo 5: Os adiamentos necessários   81

Capítulo 6: Os adiamentos desnecessários   99

Capítulo 7: Idade, privilégio e responsabilidade   119

Capítulo 8: Caráter   135

Capítulo 9: Química   159

Capítulo 10: Competência   173

Capítulo 11: O chamado   185

Capítulo 12: Primeiros sinais de problema   193

Capítulo 13: Coma, beba e case-se   203

Índice de passagens bíblicas   215

Capítulo 1
Caça às raposas

Apanhem para nós as raposas,
as raposinhas que estragam as vinhas,
pois as nossas vinhas estão floridas

— Cântico dos Cânticos 2.15

Sou um pastor a favor do casamento. Acredito que Deus criou o casamento para ser desfrutado entre um homem e uma mulher pela vida toda. A única parte da criação que Deus declarou como "não boa" foi o homem solteiro; e o casamento, em toda a Escritura, é normativo, enquanto a condição de solteiro é a exceção. Portanto, os homens jovens precisam começar a se aproximar de mulheres jovens, apaixonar-se e casar-se — *isso é bíblico*. Acredito que Satanás enganou a nossa cultura levando-a a acreditar na mentira que diz: "O problema é o casamento, não o ser humano". Ele nos convence que uma das melhores maneiras de prosperar na vida é abstendo-se do casamento ou, pelo menos, adiando-o quanto for possível.

Os jovens têm caído nessa armadilha. Adie o casamento, seja independente, termine a faculdade, construa sua carreira, economize seu dinheiro e mantenha relações sexuais fora do casamento. É dito a eles para esperarem até terem conseguido tudo isso e encontrarem alguém que tenha feito a mesma coisa. Por essa razão, você continua ouvindo as palavras: "Você é muito jovem".

Acredito que a pouca idade represente um adiamento desnecessário do casamento. Se você e sua(seu) noiva(o) entram na igreja hoje com o amor brotando no coração, nós nos regozijamos, mesmo se vocês tiverem apenas 20 anos. Acompanharíamos vocês nas instruções bíblicas para o casamento e, se estivessem preparados, daríamos a vocês a anuência pastoral. A seguir, marcaríamos uma data e faríamos uma festa animadíssima.

Certa vez, uma mulher sulamita solteira desejou o amor do rei pastor. Seu desejo era intensamente sensual quando ela o compartilhava:

> Ah, se ele me beijasse,
>> se a sua boca me cobrisse de beijos...
> Sim, as suas carícias são mais agradáveis
>> que o vinho.
> A fragrância dos seus perfumes é suave;
>> o seu nome é como perfume derramado.
> Não é à toa que as jovens o amam!
> Leve-me com você! Vamos depressa!
> Leve-me o rei para os seus aposentos
> (Cântico dos Cânticos 1.2-4).

Você já sentiu esse amor? Se sentiu, quantos anos você tinha? Tem um desejo intenso de estar com essa pessoa para sempre? Sente que Deus está juntando vocês dois? Bem, já foi invalidado nesse amor por algum amigo ou familiar? Alguém já disse: "Você vai superar isso";

"Há muitas opções"; "Você não sabe do que precisa" ou "Você tem tempo para isso mais tarde"?

Quero validar seu amor, ajudar você a discernir se Deus está juntando o coração de vocês dois e, depois, encorajo-o a não deixar que a idade o impeça de seguir em frente. Se seus pais estão por perto, espero que eles considerem o meu desafio a você. Lembre-se, você é chamado a honrar pai e mãe. Eles, por sua vez, têm de guardar o coração para não se transformarem na raposa e destruírem o broto de seu amor jovem. Salomão retratou o casamento jovem como uma vinha florida (Cântico dos Cânticos 2.15). Muitas raposas tentam destruir o broto antes que floresça. Algumas raposas agem de forma intencional, outras não. Algumas são maldosas, outras são apenas mal informadas.

A minha filha, Corynn, tem 7 anos e é minha princesa. Escrevo este livro a fim de ter bastante tempo para preparar a minha filha, sua mãe e seu futuro marido. Mas não quero ser um pai que exagera na reação e na proteção. Hoje, usamos os termos "sufocar" e "redoma" para descrever pais que não dão espaço para os filhos respirarem, anulando suas emoções. Um dia, daqui a alguns anos, Corynn virá para casa e me dirá que conheceu o homem com quem se casará. Nesse momento, o meu plano é parar, respirar fundo, carregar uma pequena arma de fogo e louvar o que Deus pode estar formando neles.

No último ano, Corynn começou sua vida escolar, no jardim de infância. A melhor parte do meu dia era levá-la para a escola todas as manhãs às 8h30. A segunda melhor parte do meu dia era pegá-la na escola de tarde. Nunca me esquecerei do dia em que ela me contou sobre um menininho que chamaremos de "Jason".

— Ele gosta de mim, papai — disse-me ela.

— É mesmo? — perguntei.

— É sim, acho que ele gosta de mim — disse com um olho fechado e a cabeça levemente inclinada à espera da minha resposta.

Eu estava preparado para esse dia. Disse a mim mesmo que poderia validá-la e não reagir de modo exagerado. Muitos pais se apavoram ao sinal de amor nas crianças, e eu não seria um deles. Evitaria declarações como: "Você é jovem demais!"; "O quê? Você não precisa ter um namorado nessa idade!"; "Você não pode gostar dele" ou "Os meninos são maus!".

O que pensamos e queremos dizer é: "Eu não queria que você tivesse esses sentimentos com tão pouca idade"; "Pare de se sentir assim" ou "Você se esquecerá disso, e espero que bem depressa!". Censurei todas essas respostas em nome de Jesus. Mandei-as de volta ao abismo ao qual elas pertencem!

Corynn não estava preparada para a minha resposta.

— Bem, querida, você acha que ele *é o cara?* — perguntei-lhe.

— PAPAI! — foi sua resposta.

Eu estava preparado para seguir em frente. Inspirado por meu amigo Greg Smalley, estava pronto a ajudá-la em seu trabalho em seu primeiro orçamento familiar e a começar a procurar a primeira casa deles. Greg tinha permitido que sua filha que ainda estava na escola fundamental chegasse a planejar onde ela e o namorado viveriam depois do casamento, como eles ganhariam a vida e até mesmo qual seria a data do casamento. No entanto, uma vez que eles digeriram os números, eles não pareceram factíveis. Ele é um ótimo pai.

Tenho certeza de que você tem uma história de amor que brotou na mais tenra idade. Talvez seja a história que você está vivendo neste exato momento. Talvez você se pergunte: "Encontrei a pessoa certa?"; "Quanto tempo devemos namorar antes de falar em casamento?"; "Meus pais vão aprovar?"; "O que estarei perdendo se nos casarmos agora?". "Preciso de algum tempo para descobrir mais sobre a vida por conta própria?"; "Os meus amigos vão pensar que sou inseguro por me casar tão cedo?"; "Talvez alguns achem que tenho medo de ficar sozinho!".

Ótimas perguntas! Uma rápida pesquisa na internet dará a você tanto as boas quanto as más respostas para todas essas perguntas.

Espero dar a você respostas que sejam primeiro e acima de tudo bíblicas e honrem Cristo. Contudo, as respostas que você encontra nas Escrituras são o completo oposto do que encontrará em uma pesquisa no Google. Com tantas respostas distintas por aí, não é de surpreender que as pessoas se sintam inseguras e temerosas em relação ao casamento.

Antes de respondermos às perguntas óbvias, tiremos algo da mesa: *O casamento entre jovens não é o problema.* O amor é do nosso Senhor. Estar apaixonado é uma bênção. Se Deus provoca o amor em você por outra pessoa, e você planeja casar, temos de louvar o que Deus está fazendo, não dizer a você para esperar desnecessariamente.

O casamento, ao contrário do que pode ser dito, não é o motivo para as pessoas se divorciarem. Embora eu defenda o casamento entre jovens, sou mais defensor ainda de ajudar você a amadurecer. Os especialistas chamam isso de "erradicar a adolescência prolongada". E a mensagem de *Jovem e apaixonado* clama em altos brados: "Assuma a responsabilidade pessoal por sua vida!". Entrar na vida adulta não exige que você espere até ter 25 anos, a idade que hoje alguns pesquisadores acreditam ser o marco para a vida adulta. Não quero isso para você, porque francamente é desnecessário. Satanás quer que você permaneça um menino, ou uma menina, porque isso o leva a focar apenas você mesmo e resulta em uma adolescência prolongada. Mas Deus quer que você siga em frente e alcance a maturidade.

Sou abençoado por ter conhecido a minha esposa, Amy, na Universidade Liberty, uma escola que era extremamente pró-amor e pró-namoro. O dr. Jerry Falwell, fundador da Liberty, ensinava na capela todas as quartas-feiras e nos encorajava regularmente a não dizer adeus ao namoro com um beijo, mas a dizer olá a esse relacionamento. O dr. Falwell foi tão longe com essa ideia que, com frequência, dizia:

"Se estiver interessado em uma moça desse *campus* e ela estiver namorando outro rapaz, mas ainda não estiver noiva, então, sem dúvida, convide-a para sair". Certa ocasião, ele chegou até mesmo a dizer: "Se o rapaz com quem ela está namorando não estiver comprometido o suficiente, coloque um anel no dedo dela, pois ele não a merece. Convide-a para sair!". Obrigado, Jesus, e obrigado, Jerry. Jerry não apenas era um defensor do casamento entre jovens; ele acreditava em uma cena *competitiva* de namoro.

Fiz exatamente o que me foi aconselhado!

Amy tinha 20 anos quando nos conhecemos; eu tinha 21 anos. Ela estava em um relacionamento sério com um jovem formado em ministério. Eu sabia que seria um desafio, mas tentei pegar leve. Bem, a parte seguinte pode fazer você parar de ler e jogar o livro fora, e tudo bem para mim. Eu não tinha coragem de convidá-la para sair, de modo que pedi ao meu amigo Austin Deloach que arranjasse tudo.

Austin era o presidente da classe sênior e não parecia gostar dos detalhes inerentes ao cargo. Eu era presidente da classe júnior e tive sucesso na organização e administração inerentes ao cargo. Então, na primavera de 1995, Austin me perguntou o que poderia fazer para ajudar com o cruzeiro júnior-sênior.

— Consiga-me um encontro com Amy Freitag para o cruzeiro — disse-lhe.

— Vou fazer isso — disse ele.

E foi o que aconteceu. Ele me arranjou um encontro às cegas com Amy em Smith Mountain Lake, fora de Lynchburg, Virgínia.

Naquela noite, decidi que ela era a mulher da minha vida. Mais tarde, disse a Austin que pediria Amy em casamento um dia, e realmente pedi. Doze meses depois, em Fremont, Nebraska, após pedir permissão ao pai de Amy, presenteei-a com um anel de diamante com lapidação marquesa. O quilate da pedra é um detalhe desnecessário, mas lembre-se de que eu acabara de me formar na faculdade. Casamo-nos em 19 de outubro de 1996. Ela tinha 21 anos; e eu, 22. Nem uma vez achamos que éramos jovens demais. Despreparados? *Sim*. Jovens demais? Não, de jeito nenhum. Os nossos pais abençoaram o casamento, bem como ambas as nossas igrejas. A ideia de que tínhamos de esperar cinco ou sete anos para conseguir bons empregos, aprender a ser independentes e, depois, assentar-nos, nunca passou por nossa mente. Para nós, o casamento foi um marco no estágio inicial da idade adulta, não o estágio final, e realmente aguardamos com ansiedade o casamento, imaginando a nossa vida juntos.

Shannon Fox, terapeuta conjugal e de família, além de mãe do melhor amigo do meu filho, escreveu recentemente um livro intitulado *Last One Down the Aisle Wins* [O último na nave da igreja ganha]. Em seu livro, Shannon encoraja os jovens a esperarem até pelo menos os 25 anos para se casarem. Ela escreve:

> E se dissermos que conhecemos a fórmula para dobrar as suas chances de permanecer casado? E se dissermos que essa fórmula é algo que você pode usar agora mesmo, independentemente de seu estado atual: ser solteiro, sem nenhum prospecto de casamento em vista, de relacionamento sério ou de estar noivo do amor de sua vida lendo avidamente a revista *Noivas & noivos*? Quanto isso valeria para você? Valeria cinco módicos pagamentos de R$ 29,99 mais despesas de envio? Ou que tal apenas o preço deste livro?
>
> Eis a fórmula: **não se case jovem.** Na verdade, não se case até ter 30 anos. De acordo com o Centro Nacional de Estatísticas de Saúde, suas chances de permanecer casado por mais tempo dobra se você se casar depois dos 25 anos.[1]

---

[1] Fox, Shannon; Liversidge, Celeste. **Last One Down the Aisle Wins**. New York: St. Martin's Griffin, 2010. p. 1.

Shannon não está sozinha em sua defesa do adiamento do casamento. Os pastores de *campus* estão desafiando os estudantes a deixarem de lado o amor da juventude a fim de focarem o relacionamento com Cristo. Os pais promovem o adiamento com subornos e o argumento de que "você tem toda a vida pela frente". Os amigos estimulam o adiamento por medo de perderem os companheiros. As igrejas ensinam o adiamento como um antídoto para o divórcio. Os amantes jovens adiam o casamento a fim de experimentarem a coabitação. As mulheres jovens adiam o casamento na esperança de encontrarem o marido perfeito. Os homens jovens adiam o casamento para poderem ter mais alguns anos de festa e "um período de comportamento irresponsável". Os pesquisadores nos apresentam estudos, mostrando que o adiamento é melhor para a longevidade e a felicidade marital.

Odeio o adiamento e acredito firmemente que ele é desnecessário. O meu coração bate pela validação do amor dos jovens e pela formação de uma estrutura para garantir que você está preparado e que a pessoa que escolheu é alguém que você pode *desposar*. Em última instância, *Jovem e apaixonado* honra o casamento e estimula os casamentos em formação. Este não é outro livro sobre pureza e castidade, ensinando você a suprimir todo e qualquer sentimento de amor. De jeito nenhum! Quero que você expresse o seu amor e, depois, desfrute o casamento.

Portanto, se você deu com uxm beijo, está na hora de dizer alô! Se você mantém o verdadeiro amor à espera, digo a você agora: *não espere mais*. Case-se!

A mensagem de *Jovem e apaixonado* vem acompanhada de um rótulo de advertência. Você está lendo *Jovem e apaixonado*, não *Jovem e à procura do amor*, nem *Jovem e não à procura do amor*. Aconselha-se ponderação ao leitor.

Este livro não é para o solteiro intencional, o rapaz ou a moça que decidiu não se casar. Você ficará extremamente frustrado com este livro.

Este não é um livro sobre namoro, um manual de como namorar ou paquerar. Este não é um livro para você dar aos amigos solteiros e dizer: "Leia isso, encontre alguém e se case". Este não é um livro sobre coabitação. Este não é um livro sobre os infortúnios da sociedade. Este livro não ajudará você a encontrar sua cara-metade. Este livro não é para os solteiros que querem casar, mas não conseguem encontrar alguém. Este não é um livro de abstinência com uma mensagem de pureza para o seu grupo de jovens. Este livro não pretende ensinar os solteiros a ficarem contentes e ser produtivos enquanto esperam pacientemente que Deus lhes envie a pessoa certa.

Então, para quem é este livro?

Este livro é para homens e mulheres solteiros que estão apaixonados e querem casar, mas são alertados por todos à sua volta com estas palavras: "Você é muito jovem para isso!". Este livro é para as pessoas que estão no fim da adolescência ou entrando na casa dos 20 anos e precisam dizer "adeus" à prolongada adolescência. Se você está apaixonado, mas a pessoa com quem quer casar se sente irresponsável por querer casar jovem, então espero que vocês dois se preparem para evitar o adiamento desnecessário.

Este livro é um instrutor para o seu aconselhamento pré-marital. No entanto, não farei você se sentar no escritório de um pastor, sobrecarregando-o com orçamentos, testes de personalidade ou planos para o casamento. Quero desafiar você a abraçar a maturidade e a idade adulta precocemente. Este livro honra as Escrituras. A Bíblia honra o casamento, prepara-nos para sermos adultos e impede que a família e os amigos se transformem em raposas.

Sou pastor. O meu coração tem de abençoar seu amor jovem, corrigir, repreender e ensinar por intermédio das Escrituras. A minha filha Corynn tem 7 anos; e o meu filho Carson, 5. Ela é a minha princesa, e ele é o meu poderoso guerreiro. Defendo o casamento entre jovens mantendo os meus dois pequenos em mente e não faço isso de forma leviana.

E, finalmente e com toda a honestidade, espero que este livro inicie um movimento que honre o casamento, erradique a adolescência prolongada, abrace a idade adulta e construa casamentos comprometidos e duradouros, casamento para a vida toda.

Embora existam muitos motivos válidos para adiar o casamento, a idade não deve estar nessa lista. Os casamentos acabam por todos os tipos de motivos: expectativas não realizadas, expectativas irrealistas, o mito da "alma gêmea", adolescência prolongada, falta de compromisso e uma cultura que desvaloriza o casamento. Mas dizer que tudo isso se resume à idade é uma falácia. A questão é a maturidade, não a idade.

Uma observação especial para a leitora frustrada

O objetivo deste livro é ajudar os casais a expulsarem as raposas do amor jovem. Talvez muitos leitores solteiros deixarão o livro de lado, frustrados com as minhas ideias. Isso é totalmente compreensível. Diversas mulheres solteiras leem este livro com a expectativa de como este livro se encerrará. Janae Bass, uma jovem da nossa igreja, enviou-me a seguinte mensagem pelo Facebook:

> Legal, acabei de ler seu livro *Jovem e apaixonado*. Realmente gostei muito do livro e concordo que ser "jovem e apaixonado" seria fantástico. Sei o que disse no livro e já o ouvi dizer várias vezes o mesmo na igreja — que os

homens deviam ser homens e convidar as moças para sair. Portanto, a minha pergunta é: O que você sugere que as moças solteiras façam nesse meio-tempo? Não sou eremita, estou envolvida na igreja e na comunidade. Não fico trancada no meu apartamento à espera de que o Príncipe Encantado bata à porta — mas ainda não apareceu nenhum homem... Se você tiver algum conselho para nós mulheres solteiras à espera de que os homens sejam homens, por favor, me informe.

Quando li essa mensagem para a minha esposa, ela disse: "As moças precisam aprender a flertar de forma apropriada". Sua resposta não me surpreendeu.

Captei a frustração de esperar que os homens tomem a iniciativa. Encorajei as moças da nossa igreja a expressarem seu interesse. E não, não acho que demonstrar interesse e sair à caça sejam a mesma coisa. O flerte significa: "Estou interessado e gostaria de explorar as possibilidades". Sair à caça significa: "Quero você e vou caçá-lo". É muito diferente! Demonstrar e expressar interesse por um rapaz pode ser extremamente difícil para as jovens que foram criadas para ser independentes permitir que os homens assumam a liderança. Você pode temer que esse flerte transmita desespero, fraqueza ou força exagerada.

Acredito que Deus pode usar você no processo de amadurecimento dos jovens. Ele usou Amy na minha vida para consolidar o meu chamado e vocação. É absolutamente possível que você comece a passar tempo com um rapaz, você chame isso de namoro ou outra forma de relacionamento. Não deixe que a sua frustração com a imaturidade dos homens jovens deixe o seu coração frio, reservado ou distante dos prospectos de casamento.

Diário de *Jovem e apaixonado*

Quais são as suas crenças sobre o casamento e a vida de solteiro?

Se você é jovem e está apaixonado, quando soube que essa pessoa é o garota/o rapaz com quem você quer casar?

Quais são os diversos bons motivos para adiar o casamento?

Quais são os diversos maus motivos para adiar o casamento?

Alertas de raposas

Ao longo deste livro, as "raposas" não são moças atraentes. As raposas são grupos ou coisas individuais que tentam destruir ou adiar seu florescente casamento. Incluí 24 alertas de raposas neste livro. O meu papel, como pastor, é pastorear e ser professor; e, nesse papel, ajudo você a identificar esses animais selvagens e se proteger deles. A minha equipe está a postos, e eu estou pronto para partir!

Capítulo 2

Por favor, chega de conversar sobre pureza

O casamento deve ser honrado por todos; o leito
conjugal, conservado puro; pois Deus julgará os
imorais e os adúlteros.

— Hebreus 13.4

O casamento é a recompensa lógica da pessoa que
ama, e essa pessoa não é mercenária por desejá-lo.

— C. S. Lewis, *Peso de glória*

"O sexo é sujo, desagradável e feio, e você deve guardá-lo para o seu amado." Enquanto eu crescia, foi essa conversa sobre pureza que entendi de minha versão independente, essencial e pré-milenarista da *King James* só para igrejas batistas. A mensagem nunca foi transmitida com exatamente essas palavras, mas foi assim que interpretei.

Cresci em uma família que amava Jesus e era comprometida com a Bíblia. Os meus pais me ensinaram as Escrituras, e ouvíamos as verdades bíblicas enquanto o pastor as pregava todos os domingos de manhã e à noite, e também nas noites de quarta-feira. Ele pregava que o sexo fora do casamento era pecado. As palavras "sexo", "pecado" e "casamento", com frequência, eram usadas na mesma sentença. O sexo logo se tornou uma palavra negativa para mim. Cresci muito confuso em relação ao meu corpo, ao sexo e ao sexo oposto. Quando comecei a reparar nas meninas "desse jeito", sabia que havia alguma coisa errada. "Não tenha relação sexual"; "Não se masturbe"; "Ore".

A maioria dos meus amigos do grupo de jovens da igreja sucumbiu ao mal e começou a dormir com garotas. A despeito de todos os anéis de pureza, votos de virgindade e orações do tipo "Jesus, sinto muito", eles ainda assim mantinham relações sexuais.

De muitas maneiras, aplicamos Hebreus 13.4 da forma inversa, lendo a passagem desta maneira: "Deus julgará o adúltero e o sexualmente imoral, portanto não tenha relações sexuais e guarde-se para o casamento". No meio de tudo isso, ouvimos ainda mais alto a mensagem: "Não faça" e "Espere!".

Na verdade, fomos ensinados a honrar o celibato e a pureza, *não* o casamento.

Nunca ouvi a mensagem: "Deus nos criou como seres sexuais, com corpo, com um sexo específico e com desejos sexuais". Essa parte, de alguma maneira, ficou esquecida.

Jamais me esquecerei da noite em que o meu filho de 3 anos saiu correndo da banheira, olhando para seu pênis, e me perguntou: "O que é isso?". Dependendo dos pais, há mais de uma resposta para essa pergunta.

"Isso é seu pênis." "Esse é seu pintinho."

Em vez disso, declarei com a autoridade de um apóstolo: "Esse é seu pênis, Carson". Lembro-me vagamente de ter usado uma voz mais profunda e, depois, sair imediatamente do cômodo.

Você certamente seria capaz de adivinhar — aquela se tornou a palavra favorita de Carson.

Alguns dias depois, Carson e eu estávamos comendo em um restaurante local aqui em Branson, Missouri, uma cidade de 6 mil habitantes que recebe 8 milhões de turistas por ano. Carson começou a desenhar na toalha de papel. Uma doce turista idosa veio até nós e perguntou: "Filho, você é adorável — o que você está desenhando?". O meu coração gelou. Carson percebeu que eu começava a dar uma desculpa pelo que achava ser um desenho muito inapropriado. Ele me olhou e disse: "Papai, estou desenhando um dragão, não um pênis". O desenho não parecia um dragão.

Amy e eu, desde o início, tomamos a decisão de não ensinar aos nossos filhos que havia alguma coisa estranha em relação ao corpo, aos desejos ou ao sexo. Recusamo-nos a usar expressões idiotas para descrever partes do corpo. Usamos o termo anatomicamente correto. Conforme eles crescem, compartilhamos o que é apropriado e respondemos às suas perguntas de forma apropriada.

O sexo, para muitos jovens atuais, não é um assunto discutido abertamente em casa, muito menos na igreja. Os pais e as igrejas desenvolveram uma simples mensagem de pureza:

"Não faça".

Nos primeiros três anos do nosso casamento, lutei com a questão sexual. Despia-me debaixo das cobertas no quarto escuro porque tinha a crença profundamente arraigada de que o ato sexual era errado. Eu era virgem quando me casei, mas ainda experimentei alguns momentos em que me perguntava: "Isso está certo?".

Fui levado a acreditar que a cerimônia de casamento me traria uma mudança de mentalidade sobre o ato sexual como algo sujo ou baseado na vergonha, transformando-o em algo maravilhoso e erótico. Rapaz, eu estava redondamente errado.

Desde o início, o plano de Deus sempre foi adiar o ato sexual até o casamento. Mas invertemos isso. Agora, os solteiros adiam o casamento, mas têm relações sexuais. Cem anos atrás, os pastores acreditavam que a relação sexual antes do casamento era moralmente errada. Hoje, todos os pastores evangélicos que conheço ainda acreditam nisso, e esse ensinamento não mudou nas nossas igrejas. Mas sabe o que mudou? As nossas ideias sobre o casamento. E elas mudaram muito. Mark Regnerus escreveu na revista *Christianity Today*:

> Os pais, os pastores e os líderes de grupos de jovens nos diziam para não termos relação sexual antes de nos casarmos [...] porque a Bíblia assim o diz. Contudo, essa mensagem simples não foi muito longe. [...] A mensagem tem de mudar...[1]

Para a maioria dos jovens, as conversas sobre pureza não estão funcionando. Será que para consertá-las precisamos mudar o que acreditamos sobre pureza? Absolutamente não! Nas nossas igrejas e nos nossos lares, precisamos refazer a mensagem e voltar a *honrar o casamento*. Temos minimizado a beleza do desejo, do nosso corpo e do casamento heterossexual da aliança. E, nesse meio-tempo, Satanás entrou pela fresta da porta e nos enganou, fazendo-nos acreditar que o problema é o *casamento*. Homens e mulheres não conseguem conviver juntos; então, é melhor evitar totalmente a instituição do casamento.

A nossa mensagem precisa mudar. A igreja precisa tocar a trombeta do casamento e fazer que todos os jovens saibam que o desejo de estar com alguém do sexo oposto é bom e saudável — uma dádiva dada por Deus. Praticamos a autodisciplina para desfrutar e honrar uma das maiores dádivas de Deus: *o santo casamento*.

---

[1] REGNERUS, Mark. The Case for Early Marriage. **Christianity Today**, 31 de julho de 2009, disponível em: <www.christianitytoday.com/ct/2009/august/16.22.html>. Acesso em: 10 mar. 2013.

Enganado por uma doutrina demoníaca

O desejo sexual vem de nosso Senhor. Somos criados como seres sexuais. O casamento é o plano de Deus para desfrutarmos a intimidade sexual. O casamento e a relação sexual são dádivas de Deus para nós. Em 1Timóteo 4, o apóstolo Paulo confrontou o ensinamento dos gnósticos. Naquela época, os gnósticos ensinavam que o mundo material era maligno. Ensinavam a mantermos a vida pura, a evitarmos determinadas práticas e, infelizmente, perverteram o que Deus criou para ser uma dádiva. Paulo, um pregador mais velho, instruiu Timóteo, um pastor mais jovem, a confrontar os inimigos atingindo-os com duros golpes por suas mentiras.

O Espírito diz claramente que nos últimos tempos alguns abandonarão a fé e seguirão espíritos enganadores e doutrinas de demônios. Tais ensinamentos vêm de homens hipócritas e mentirosos, que têm a consciência cauterizada e proíbem o casamento e o consumo de alimentos que Deus criou para serem recebidos com ação de graças pelos que creem e conhecem a verdade. Pois tudo o que Deus criou é bom, e nada deve ser rejeitado, se for recebido com ação de graças, pois é santificado pela palavra de Deus e pela oração (1Timóteo 4.1-5).

Gênesis 3 apresenta o primeiro ensinamento demoníaco quando Satanás fala com Eva por intermédio da serpente. Deus proibiu homem e mulher de comerem o fruto da árvore. Satanás disse a Eva: "Certamente não morrerão! Deus sabe que, no dia em que dele comerem, seus olhos se abrirão, e vocês, como Deus, serão conhecedores do bem e do mal" (Gênesis 3.4,5).

Desde tal engodo, toda mentira demoníaca volta à raiz de ser seu próprio deus: "Você pode fazer suas próprias tentativas, pode fazer suas próprias coisas e pode autojustificar-se. Não existe um Deus para você adorar; *você mesmo pode ser Deus*. E ainda: "Assuma o comando da sua vida, faça as coisas por sua própria conta e risco" é, por assim dizer, uma doutrina demoníaca.

Esses ensinamentos vêm de hipócritas mentirosos. A palavra "hipócrita" deriva de um termo grego popularmente usado para atores que atuavam em peças na Grécia antiga. Os atores retratavam determinadas personagens, mas, quando deixavam o palco, eram pessoas totalmente distintas das personagens. Essa ideia traduz a igreja atual: alguns mantêm a aparência de cristãos frequentando o culto uma vez por semana nas manhãs de domingo, mas, quando saem da igreja, agem como realmente são. Em 1 Timóteo 4, Paulo disse que eles são hipócritas mentirosos cuja consciência foi cauterizada com ferro quente.

Os sacerdotes hipócritas aos quais Paulo se refere aqui ensinavam que a vida de solteiro era mais aprovada por Deus e levaria à perfeição. Esse também era o sentimento preferido de algumas seitas judaicas da época. Elas pregavam a vida de solteiro e diziam às pessoas: "Não se casem". Mais tarde, essa se tornou uma prática predominante na Igreja católica romana, que exigia que o clero permanecesse solteiro e celibatário e fizesse um juramento para abraçar essa atitude.

Os gnósticos, na verdade, ensinavam que tanto o casamento quanto determinados alimentos e posses eram maus e deviam ser evitados. Paulo denominou doutrina de demônios essa abstenção desnecessária. O que Deus criou é bom e deve ser desfrutado por todos os cristãos. Temos de honrar o casamento porque ele foi consagrado, santificado e separado desde o início da criação. Recebemos o casamento como uma dádiva de Deus porque sabemos que é uma questão espiritual. Paulo implorou que Timóteo não deixasse a igreja abandonar esses ensinamentos centrais que incluíam honrar o casamento como condição normativa na vida do cristão.

Bem, espero que vocês não pensem que considero maus os defensores do adiamento do casamento. Alguns são apenas iludidos. Mas outros são falsos mestres. Acredito que, da mesma maneira que Timóteo advertiu os gnósticos, eles precisam ser advertidos sobre ensinarem a abstinência do casamento. E eu chegaria a dizer que encorajar os jovens a se absterem do casamento pode ser considerado doutrina demoníaca. Não deixe que os termos politicamente corretos o enganem. Termos como feminismo, coabitação, independência e liberação podem enganar você. Entenda-os pelo que verdadeiramente são: ensinamentos falsos que desonram o casamento.

O apóstolo Paulo refere-se à união entre um homem e uma mulher no casamento como um "mistério profundo" (Efésios 5.32) que serve como modelo de Cristo e sua noiva, a igreja. A maneira em que um homem e uma mulher se unem no casamento modela o evangelho de Jesus.

No princípio, Deus criou a humanidade à sua imagem e semelhança: "Façamos o homem à nossa imagem, conforme a nossa semelhança" (Gênesis 1.26). Isso não se refere necessariamente à semelhança física com Deus tanto quanto aos atributos emocionais, intelectuais e relacionais de Deus.

Gênesis 2.18 começa assim: "Não é bom que o homem esteja só". Essa é a única ocasião na ordem criativa que Deus declara que algo "não é bom". Deus criou o casamento como a condição normativa para a humanidade. Em outras palavras, ficamos melhores quando temos alguém conosco. A seguir, Deus disse: "Farei para ele [o homem] alguém que o auxilie e lhe corresponda". A palavra "auxilie" indica que o homem precisa de alguém ao seu lado para complementar aquilo que lhe falta. A palavra hebraica para "auxilie" em Gênesis 2.18 é *ezer*, que significa "alguém que ajuda". Na verdade, é a mesma palavra usada em Salmos 33.20; 70.1 e 115.9, quando o salmista se refere a Deus. O Senhor deu Eva a Adão para que ela permanecesse ao lado dele a fim de ajudá-lo, e Eva não ficou nem na frente nem atrás de Adão, mas ao lado.

Depois de decidir que não era bom o homem ficar sozinho, Deus fez o homem dormir (Gênesis 2.21). Enquanto o homem dormia, Deus tirou uma de suas costelas e fechou o lugar com carne. A seguir, o Senhor fez a mulher da costela que tirou do homem (Gênesis 2.22). Gênesis 2.23 declara: "Disse então o homem: 'Esta, sim, é osso dos meus ossos e carne da minha carne! Ela será chamada mulher, porque do homem foi tirada' ". Agora, Adão tinha uma companheira espiritual, emocional, física e sexual.

Esse foi o primeiro e mais importante casamento da Bíblia. Mas Deus nos dá outro exemplo de casamento em Cântico dos Cânticos, livro que oferece mais detalhes dos estágios iniciais do amor e de um casamento em formação.

Salomão e a mulher sulamita

O desejo sexual e a atração fazem parte do desígnio de Deus para a sua vida. Em Cântico dos Cânticos, observamos que a mulher sulamita sente um desejo intenso por Salomão. Ela queria que ele agisse logo em relação a esse desejo. Não há adiamento em seu amor e desejo pelo recém-descoberto rei pastor:

> Ah, se ele me beijasse,
> se a sua boca me cobrisse de beijos...
> Sim, as suas carícias são mais agradáveis
> que o vinho.
> A fragrância dos seus perfumes é suave;
> o seu nome é como perfume derramado.
> Não é à toa que as jovens o amam!
> Leve-me com você! Vamos depressa!

Leve-me o rei para os seus aposentos!
(Cântico dos Cânticos 1.2-4).

Ela não apenas queria ir para o quarto dele, mas dizia: "Vamos depressa!". O termo hebraico para "depressa" é "bom-bom-benzinho--queridinho-bom-bom".

Eu mentiria para você se dissesse que, na noite do nosso casamento, eu não queria fugir correndo com Amy e "estar" com ela. Ela é atraente! Ela até admitiu para mim que me achava bem engraçadinho, mas não consegui que ela confessasse a parte da pressa.

A atração e o desejo sexual pelo cônjuge honram o casamento, portanto não deixe ninguém dizer a você algo diferente disso. Tanto a atração quanto o desejo validam o que Deus criou em você. Não devemos suprimir o desejo; antes, aprender a ter autodisciplina com ele.

Se a atração sexual honra o casamento, os observadores do amor nascente devem honrar e louvar o que Deus está fazendo. Os pais, os pastores, os líderes de *campus*, os amigos e a família devem ficar "alegres e felizes por sua causa; celebraremos o seu amor mais do que o vinho" (Cântico dos Cânticos 1.4). Talvez os seus pais e amigos casados tenham esquecido como se sentiam em relação a seu próprio amor jovem.

Fica óbvio quando a atração sexual está presente, o que chamo de "fagulhas". Sua atração e seu desejo, como esses minúsculos pedaços de metal ardente, voam da ponta do maçarico do soldador, enviando fagulhas. Você observa as fagulhas mesmo quando vê um casal que se conhece por intermédio de um *site* de relacionamento e se encontra pela primeira vez no aeroporto. É tão óbvio. Talvez ele esteja de pé bem ao lado da grade de proteção com um ramo de flores ou um pequeno presente quando ela sai com a bagagem. Em mais de uma ocasião no aeroporto, virei-me para Amy e disse:

— Veja isso, um casal que se conheceu em *site* de namoro.

— Como você sabe? — pergunta-me ela.

— Veja como o camarada estica o pescoço querendo dar a primeira olhada em quem ele conhece há meses, mas com quem nunca se encontrou. Você não vê nenhum dos outros homens fazendo isso, não é mesmo? — digo.

A seguir, a cena toda se desenrola à nossa frente como um *trailer* de filme em câmera lenta. Eles se abraçaram, e as fagulhas voaram. Amo isso. Na verdade, sinto que eu deveria lhes dar 8 ou 9 dólares pela cena. Sou fã desse tipo de romance.

Mesmo quando as fagulhas voam, tendemos a agir de uma forma que protege o nosso coração de ser rejeitado. Quando um casal começa a namorar, os dois, de forma muito característica, não compartilham toda a roupa suja no primeiro encontro. Eles esperam um pouco para compartilhar todos seus segredos e sombras. O foco inicial do relacionamento está nas semelhanças, quando os casais minimizam as diferenças, as lutas e o passado.

Como na maioria das primeiras atrações, perguntamos: "Essa pessoa vai me aceitar?". A incerteza em relação a essa resposta pode criar insegurança; e a insegurança faz parte de quase todos novos relacionamentos. Não só nos perguntamos se ele ou ela nos aceita, mas também se os outros, como os pais e os amigos, aceitarão nosso relacionamento.

A mulher sulamita, como você no início de um relacionamento, tem inseguranças. Talvez possa relacionar as lutas que ela tinha com o corpo e a família dela:

> Estou escura, mas sou bela,
> ó mulheres de Jerusalém;
> escura como as tendas de Quedar,
> bela como as cortinas de Salomão.

Não fiquem me olhando assim

porque estou escura;

foi o sol que me queimou a pele.

Os filhos de minha mãe

zangaram-se comigo

e fizeram-me tomar conta das vinhas;

da minha própria vinha, porém,

não pude cuidar

(Cântico dos Cânticos 1.5,6).

Na época de Salomão, o bronzeamento não estava na moda. A palidez era considerada bonita. Por que a sulamita estava escura? Como vemos aqui, seus irmãos a forçaram a trabalhar ao ar livre. Você pode perceber o desdém dela pelos irmãos ao chamá-los de "os filhos de minha mãe". O trabalho forçado implicava trabalhar ao sol, resultando na pele bronzeada. Ela sentia desejo por Salomão, mas acreditava que o rei não se interessaria por ela por causa de sua aparência.

Já aconselhei muitas mulheres jovens que correm para o casamento a fim de escapar de uma vida familiar ruim. Esse não é um motivo saudável para casar jovem. Sair de casa é um ingrediente essencial para o casamento saudável, mas a independência não deve ser o motivo para o casamento.

Algumas mulheres jovens que aconselhei se entregaram sexualmente ao rapaz na tentativa de garantir o compromisso do relacionamento. Tive de recolher os cacos de muitos casais jovens por causa desse mesmo problema. Ela sentia que poderia perdê-lo ou que as outras moças eram mais bonitas, mais atraentes ou mais do tipo casadouro. Garotas, a relação sexual é uma maneira terrível de prender um homem ou de lidar com suas inseguranças.

Mesmo que a mulher sulamita estivesse lidando com fortes inseguranças, ela escolheu manter seu caráter intato:

Conte-me, você, a quem amo,
onde faz pastar o seu rebanho
e onde faz as suas ovelhas
desansarem ao meio-dia?
Se eu não o souber,
serei como uma mulher coberta com véu
junto aos rebanhos dos seus amigos
(Cântico dos Cânticos 1.7).

Ela lhe disse que não seria como uma prostituta e não se encontraria com ele durante seu descanso de tomar conta das ovelhas. Algumas mulheres usam a relação sexual para tentar curar suas feridas ou para agradar um homem, mas não fazem para agradar a si mesmas. A sulamita não curvaria seu caráter.

Os homens de verdade não tiram vantagem das mulheres. Salomão poderia ter se aproveitado das inseguranças da jovem, mas não fez isso. Ele não acrescentou luta e dor usando-a ou tirando vantagem dela. Ao contrário, desenvolveu segurança para o iminente casamento deles:

Comparo você, minha querida,
a uma égua das carruagens do faraó.
Como são belas as suas faces
entre os brincos,
e o seu pescoço com os colares de joias!
Faremos para você brincos de ouro
com incrustações de prata
(Cântico dos Cânticos 1.9-11).

Provavelmente não seria uma boa ideia comparar sua namorada ou noiva com um cavalo, a menos que vivesse na época de Salomão. Quando Salomão a comparou à égua das carruagens do faraó (Cântico dos Cânticos 1.9), usou uma figura de linguagem emocional para transmitir o fato de que ela era bonita. Quando o faraó e seu exército surgiam para a batalha, cavalos negros puxavam todos os carros, exceto o do faraó que, ao contrário, era puxado por magníficos cavalos brancos, o que o destacava de todos no campo de batalha. Salomão transformou a imagem escura com a qual ela começara e a tornou radiante. Ela se destacava entre as mulheres, até mesmo as mulheres com véu do lado de fora da tenda de seus amigos ao meio-dia.

Quando se é jovem e se está apaixonado, você não só sente uma forte atração sexual, mas também um tipo de fixação. As Escrituras se referem a essa forte paixão como uma forma de intoxicação. Quando Amy e eu namorávamos, eu só conseguia pensar nela. Ficou quase impossível estudar porque eu não conseguia tirá-la da minha mente. Ela era a primeira coisa em que pensava no dia e, à noite, eu caía no sono falando com ela ao telefone. A mulher sulamita sentia exatamente a mesma coisa.

> Enquanto o rei estava em seus aposentos,
> o meu nardo espalhou sua fragrância.
> O meu amado é para mim
> como uma pequenina bolsa de mirra
> que passa a noite entre os meus seios.
> O meu amado é para mim
> um ramalhete de flores de hena
> das vinhas de En-Gedi
> (Cântico dos Cânticos 1.12-14).

Na nossa sociedade, temos a bênção de tomar banho diariamente. Após um longo dia, entramos na banheira ou debaixo do chuveiro com um monte de sabonetes e xampus bem ali no peitoril. Três mil anos atrás, tomar banho não era algo tão acessível assim. Tomar banho não era uma coisa frequente. Ao contrário, eles usavam perfumes, flores, especiarias e antigas versões de misturas de perfumes para ficarem perfumados. E esses aromas perduravam. A mulher sulamita comparou Salomão com as flores e os perfumes que ela prendia ao redor do pescoço. Naquela época, as mulheres usavam especiarias e flores na cama para impregnar o corpo enquanto dormiam. A sulamita, em essência, adormecia à noite e despertava de manhã com persistentes pensamentos a respeito dele.

Gary Chapman, autor sobre casamento, chama de "palpitação" a experiência de "estar apaixonado". As palpitações são perfeitamente normais e fazem parte do amor jovem. Se você começar a sentir as palpitações em relação a alguém enquanto está na escola, há uma boa chance de que as suas notas sejam afetadas. É difícil manter a mente na história da Segunda Guerra Mundial, na Declaração de Direitos Humanos ou na Declaração de Independência quando os seus pensamentos são consumidos pelo próximo encontro com o seu amor.

Quando o amor se intensifica, o sexo é adiado, mas não o desejo. Um novo casal começa a ter conversas profundas e íntimas sobre o casamento, sobre a vida que terão juntos em um futuro não tão distante. Esse tipo de conversa traz segurança. Em Cântico dos Cânticos, o diálogo se voltou para a imagem da casa que eles compartilhariam um dia.

O Amado:
Como você é linda, minha querida!
Ah, como é linda!
Seus olhos são pombas.

A Amada:

Como você é belo, meu amado!

Ah, como é encantador!

Verdejante é o nosso leito.

De cedro são as vigas da nossa casa,
    e de cipreste os caibros do nosso telhado
(Cântico dos Cânticos 1.15-17).

A descrição não apontava o tipo de madeira de que seria construída a casa deles. Era a declaração de que a casa deles seria uma mansão de segurança. Seria um lugar seguro. Podia-se confiar nisso. O amor jovem deles progredia rapidamente. Ela começou o relacionamento com insegurança; ele fortaleceu a amada e, assim, ela pôde dizer:

Sou uma flor de Sarom,
    um lírio dos vales
(Cântico dos Cânticos 2.1).

Esse é um clamor bem diferente de: "Não fiquem me olhando assim porque estou escura; foi o sol que me queimou a pele". Ela cresceu como pessoa, e o relacionamento deles fez parte desse processo. Alguns querem que você acredite que precisa lidar com as suas inseguranças antes de ter algum relacionamento sério ou se casar. Salomão e a mulher sulamita são um exemplo perfeito de como um relacionamento pode ajudar você a amadurecer o seu caráter e a lidar com as suas "dificuldades". A independência e a vida de solteiro podem fazer isso? Claro que podem. E o compromisso profundo e a maturidade de um amor jovem em processo de amadurecimento também podem fazer isso. Salomão fortaleceu sua amada ainda mais usando a metáfora de uma flor entre espinhos:

> Como um lírio entre os espinhos
> é a minha amada entre as jovens
> (Cântico dos Cânticos 2.2).

Ao reassegurar a sulamita de seu amor, Salomão reconheceu o crescimento dela, a despeito do passado desafiador. Nem todas as mulheres ao redor tinham sido bem-sucedidas, mas ela floresceu entre as demais.

Sem dúvida você já testemunhou o fracasso de casamentos e relacionamentos dos seus amigos. Os motivos para o fracasso são inúmeros. Você deve ter visto muitos espinhos, mas pode crescer, a despeito das estatísticas e dos exemplos. Você pode ser um lírio entre os espinhos.

Da mesma maneira que Salomão elogiou sua futura noiva, ela, por sua vez, evocou o caráter do amado:

> Como uma macieira entre
> as árvores da floresta
> é o meu amado entre os jovens.
> Tenho prazer em sentar-me
> à sua sombra;
> o seu fruto é doce ao meu paladar.
> Ele me levou ao salão de banquetes,
> e o seu estandarte sobre mim é o amor
> (Cântico dos Cânticos 2.3,4).

Ela recebeu incentivo de seu amado. Havia muitos homens para escolher, aos quais ela se referiu como as árvores da floresta.

Este verão atingiu recordes de calor em Branson. Temos tido dias consecutivos de mais de 38° de temperatura com as temperaturas máximas atingindo 42°. Nesses dias, você procura a sombra. A sombra de uma árvore consegue baixar a temperatura em 20° nos lugares banhados pelo sol. Você já teve um momento de "ahhhh" ao encontrar uma sombra em um dia quente de verão? O que podia ser melhor que isso? Que tal uma refeição leve? Agora deparamos com dois principais botões dos homens: *descanso e alimento.*

Muitos homens estavam disponíveis para a sombra, mas Salomão veio com um banquete — como estender a mão e pegar uma maçã para comer enquanto se descansa. Amo isso! Ela chamou Salomão para um pequeno lanche. Talvez seja por isso que os nomes dos filhotes se referem com tanta frequência a alimento (por exemplo, docinho, açúcar, bolinho). Bom-bom-zinho-queridinho-benzinho.

No entanto, a mulher sulamita não queria fazer um lanchinho. Sua atração e seu desejo eram tão intensos que ela queria um banquete.

Por favor, sustentem-me com passas,
revigorem-me com maçãs,
   pois estou doente de amor.
O seu braço esquerdo
   esteja debaixo da minha cabeça,
e o seu braço direito me abrace.
Mulheres de Jerusalém, eu as faço jurar
   pelas gazelas e pelas corças do campo:
não despertem nem provoquem o amor
   enquanto ele não o quiser
(Cântico dos Cânticos 2.5-7).

Embora ela desejasse os afrodisíacos de uvas-passas e a plenitude do amado, ainda não era o momento apropriado para despertar o amor. Essa é, até aqui, a menção mais forte de adiamento no texto. Eles não deviam despertar o amor até que a família e os amigos tivessem reconhecido seu compromisso um com o outro. Chamamos isso de casamento.

A cerimônia deles estava próxima. A mulher sulamita antecipou essa união e retratou a intensificação de seu amor. O inverno estava passando, e a primavera trazia consigo as flores:

Escutem! É o meu amado!
Vejam! Aí vem ele,
saltando pelos montes,
pulando sobre as colinas.
O meu amado é como uma gazela,
como um cervo novo.
Vejam! Lá está ele atrás do nosso muro,
observando pelas janelas,
espiando pelas grades.
O meu amado falou e me disse:

O Amado:
Levante-se, minha querida,
minha bela, e venha comigo.
Veja! O inverno passou;
acabaram-se as chuvas e já se foram.
Aparecem flores na terra,
e chegou o tempo de cantar;
já se ouve em nossa terra
o arrulhar dos pombos.
A figueira produz os primeiros frutos;
as vinhas florescem e espalham
sua fragrância.
Levante-se, venha, minha querida;
minha bela, venha comigo
(Cântico dos Cânticos 2.8-13).

Namorar diz respeito a *curiosidade* e *fascinação*. Dedicamos incontáveis horas tentando conhecer o ente amado. Fazemos grandes perguntas e nos aprofundamos em seu coração. O rei pastor pinta uma imagem maravilhosa desse estágio do amor.

Minha pomba que está
nas fendas da rocha,
nos esconderijos,
nas encostas dos montes,
mostre-me seu rosto,
deixe-me ouvir sua voz;
pois a sua voz é suave
e o seu rosto é lindo
(Cântico dos Cânticos 2.14).

Salomão estava dizendo: "Quero conhecer você". Ele amava quando ela lhe contava a respeito de si mesma. Ele queria comunicar-se com ela.

Uma das maiores forças dos amantes jovens é que essa curiosidade é natural. Eles ficam intrigados um com o outro e querem conectar-se em graus mais profundos. O casamento traz os novos componentes do relacionamento — a *obrigação* e a *responsabilidade*. Quando você namora, não divide as contas, as tarefas domésticas nem as responsabilidades de educar os filhos. O essencial, uma vez que se casa, é não *substituir* a curiosidade e a fascinação pela obrigação e pela responsabilidade. Temos de equilibrá-las.

Até esse ponto, tudo estava indo bem com Salomão e a mulher sulamita. Mas influências externas podiam destruir a beleza do que a primavera produzia:

Apanhem para nós as raposas,
as raposinhas que estragam as vinhas,

pois as nossas vinhas estão floridas
(Cântico dos Cânticos 2.15).

São muitas as raposas do amor jovem: mitos, falsas doutrinas, orgulho, egoísmo, adolescência prolongada, pastores de jovens, professores, a igreja e até você mesmo podem arruinar os botões do amor jovem. A mulher sulamita e Salomão eram responsáveis por protegerem o amor e o casamento deles dessas raposas.

A minha principal preocupação é que você não se torne uma raposa da sua própria vinha. O seu casamento jovem terá muitas raposas para competir com ele, mas você não precisa ser uma delas.

A seguir, a mulher sulamita convida seu jovem amante para se deliciar em seu corpo. Ele faria isso, mas só depois do casamento, descrito em Cântico dos Cânticos 3:

O meu amado é meu, e eu sou dele;
ele pastoreia entre os lírios.
Volte, amado meu,
antes que rompa o dia
e fujam as sombras;
seja como a gazela
ou como o cervo novo
nas colinas escarpadas
(Cântico dos Cânticos 2.16,17).

Não há nada melhor que ser jovem e estar apaixonado. Encorajo regularmente os homens da nossa congregação a observarem os casais jovens em público. Observem como eles andam de mãos dadas, tocam-se gentilmente e demonstram delicadeza. É inspirador, e alguns de nós nos esquecemos de como é se sentir assim. E, quando os casais jovens

Por favor, chega de conversar sobre pureza ♥ 43

começam a nos enjoar, descobrimo-nos como raposas velhas e irritadas que desonram o casamento.

Raposas e besouros

Não temos problema com raposas onde moramos, no sudoeste de Missouri. Posso plantar uma horta sem a ameaça de que algumas raposas acabem por comer meus tomates. Mas todos os dias de junho e julho pergunto ao meu Pai do céu: "Por que o Senhor criou o besouro japonês?". Não consigo imaginar o motivo. Todo verão, um grupo deles aterrissa no meu jardim, nas plantas ornamentais e no meu pé favorito de ameixa vermelha. Penduro sacos para prender besouros em todo o perímetro do meu quintal. Espera-se que esses sacos durem o verão todo, mas cada saco fica cheio em menos de 28 horas. Eu sozinho executei cerca de 40 a 50 mil besouros japoneses no último verão. Jogo um inseticida, mas, com a chuva e os *sprinklers*, o meu jardim exige cuidados quase diários.

Vivemos há três anos nessa casa e ainda não vi a minha planta favorita totalmente florescida. É um arbusto de alteia. Você já viu uma? Os botões são enormes; e as flores, vermelho vibrante. No começo do verão, havia diversas centenas de botões naquele arbusto, alguns dos quais eram do tamanho de uma bola de golfe. Declarei diante do Senhor que este ano a minha alteia floresceria de verdade, e os besouros não a tocariam.

Mantive os pequenos idiotas afastados a maior parte do mês de junho, mas os besouros, uma vez que tinham devorado a árvore de ameixa vermelha, começaram a mastigar a minha alteia de estimação. No fim, mais ou menos uma dúzia de botões floresceu, mas centenas foram perdidos para os besouros.

Se não formos pais, amigos e membros da igreja cuidadosos, podemos ficar parecidos com os besouros japoneses. Vemos um jovem casal apaixonado e começamos a mastigar o botão. Nunca vemos a flor porque estamos muito preocupados em destruir o botão. "Não despertem nem provoquem o amor enquanto ele não o quiser" (Cântico dos Cânticos 2.7) significa que deixemos o botão em paz, para que, no fim, ele floresça por si mesmo.

O professor Mark Regnerus declarou: "Faríamos bem em reconhecer *alguns* desses relacionamentos [como] casamentos em formação".[2] Precisamos deixar que os botões de amor se formem. Se os alimentarmos bem e os protegermos, a primavera irromperá na flor que chamamos de casamento. É dessa forma que consideramos esse relacionamento altamente valioso. É como a igreja deve honrar o santo matrimônio.

Diário de *Jovem e apaixonado*

O que ensinaram a você a respeito da relação sexual e do casamento?

Descreva a atração que você está sentindo neste momento.

Como essa atração difere das atrações que você sentiu no passado?

No que elas se assemelham?

Você consegue identificar algumas raposas precoces? Quem ou o que são elas? (Tenha em mente que essa lista pode mudar à medida que você lê o livro.)

2 Ibid.

Alerta de raposa: a igreja

A maioria dos pastores que conheço fica confusa quanto ao que fazer para manter os casais de sua congregação juntos. Falamos mais alto, pregamos com mais firmeza e oferecemos ao casal um período mais longo de namoro e noivado para garantir que eles estejam preparados.

Devemos lembrar-nos de que podemos destruir os botões jovens ao:

- Criar restrições ou aceitar especificações determinadas pela sociedade para o casamento.
- Honrar a educação universitária acima do casamento.
- Concordar com os pais que são doadores de longa data da igreja.
- Estabelecer limites de idade arbitrários para a maturidade.

Capítulo 3

O tom

Quem encontra uma esposa encontra algo
excelente; recebeu uma bênção do Senhor.

— Provérbios 18.22

A mensagem de texto de Justin foi o primeiro comunicado digital de noivado que recebi na vida. Ele escreveu o seguinte: "Acabei de ficar noivo. Ela disse sim. Vc consegue acreditar nisso? Mal posso esperar! Vc celebrará o casamento?".

Respondi: "Vc vai amar estar casado! É ótimo! Vcs formam um casal fantástico. Estou orgulhoso de J e J!".

Justin e Jocelyn poderiam ser o modelo para os casaizinhos que ficam no topo do bolo de casamento. Ele tem 23 anos. Ela tem 21.

Justin é mágico profissional, com cartola e tudo, que abrilhanta palcos em Branson, Las Vegas e incontáveis navios de cruzeiro. Jocelyn está terminando os estudos para se tornar conselheira. Uma vez que sou mais amigo de Justin que seu pastor, ele mencionou para mim, muitos meses antes de pedir Jocelyn em casamento, aquela palavra que fascina as mulheres. Fiz todas as perguntas apropriadas, como: "Ela é uma seguidora de Jesus?"; "Ela é geniosa?" e "Você já a conhece há bastante tempo para saber o que realmente a faz especial?". Sabe, o básico referente à ideia: "Devo atravessar a nave da igreja?". Suas respostas foram excelentes. Nenhum sinal de perigo. Nenhuma luz de alerta.

Após algumas semanas do noivado deles, Amy e eu convidamos Justin e Jocelyn, em sua primeira sessão pré-marital, para jantar. O aconselhamento de casais de noivos é um tumulto para mim. Tenho uma técnica para os jovens casais que provavelmente não seria aprovada pela Associação Americana de Conselheiros Cristãos. Após anos de aconselhamento de noivos, eu estava cansado do fato de que eles nunca brigam, têm tudo em comum e acham que suas diferenças são fofas. Por isso, agora "preparo" as sessões como um *boxer* preparando uma luta para seu agente de apostas.

O plano é simples. Amy e eu recebemos o casal para a primeira sessão, mas não lhes explicamos bem como chegar a nossa casa. Os casais, em geral, telefonam para nós com voz de pânico quando já estão trinta minutos atrasados. O meu objetivo é frustrá-los completamente; assim, eles ficam com raiva. É ainda melhor quando eles entram culpando um ao outro por terem anotado as indicações erradas ou por não as seguirem corretamente. Agora, chegamos a algum lugar.

O meu plano não funcionou com Justin. Soube rapidamente que não estaria ensinando muita coisa para Justin naquela noite. O entusiasmo com o casamento extravasava pelos poros de seu corpo. Ele já tinha ido a duas conferências sobre casamento e lido meia dúzia de livros antes de fazer a proposta. Não sei se o chamava de preferido do professor, garoto-propaganda, romântico incorrigível ou de *nerd* em relação ao casamento. Acima de tudo, ele estava ansioso e entusiasmado para se casar.

A maioria dos casais tem grandes expectativas quanto ao casamento. É raro hoje em dia encontrar um casal jovem entusiasmado com a ideia de pagar contas, assumir uma hipoteca e equilibrar vida e trabalho, mas Justin e Jocelyn eram assim.

Depois do jantar, Justin realizou alguns truques de mágica para os nossos filhos e, a seguir, mergulhamos no assunto. Justin nos disse:

— Ted, vocês foram os únicos que ficaram entusiasmados por nós quando anunciamos o noivado.

— O quê? — eu disse a ele, quase em estado de choque.

— É isso mesmo. Os nossos pais nos encorajaram a não apressarmos as coisas e disseram que talvez devêssemos esperar um pouco mais. Os nossos amigos não conseguem entender por que queremos abrir mão da nossa liberdade de solteiros. Vocês foram os únicos que vibraram por nós e conosco.

Os amigos e a família de Justin seguem *o tom* e não são uma anomalia. Começo a perceber o mesmo sentimento em todo o país. A minha faculdade, Universidade Liberty, convida-me todos os anos para falar na assembleia. O assunto sempre está ligado ao casamento. Lembro-me de quando estudei na Liberty ter ouvido incontáveis palestras todos os anos sobre pureza. Para ser franco, fiquei cansado dessas palestras. Não entenda mal; eu não disse que estou cansado com a pureza em si. Não estou. Estou zangado com a busca incessante de fazer pressão pela castidade enquanto se ignora o casamento nas palestras para estudantes.

O meu retorno à conservadora e evangélica Universidade Liberty abriu os meus ouvidos para um tom entre os jovens na casa dos 20 anos. O tom é algo assim: "Preciso proteger o meu futuro ao não cair na armadilha do casamento". Ouvi o tom em declarações como estas:

"Temos tantos divórcios hoje porque as pessoas se casam cedo demais".

"Quero me estabelecer profissionalmente antes de me casar".

"A minha namorada e eu temos objetivos de carreira distintos e receamos que o casamento neste momento possa sabotar o nosso futuro".

"Sei que o homem certo vai aparecer, mas não estou procurando nem buscando um relacionamento sério".

"Não estou preparado para o casamento".

"Eu estava preparada para casar com ele, mas ele não estava".

"Ele precisa saber o que vai fazer na vida antes de levarmos o relacionamento para o estágio seguinte".

Você captou *o tom*? Não é um tom maldoso nem frustrado; é apenas um tom.

Estamos, na média, casando-nos mais tarde, isso quando nos casamos. Adaptamo-nos a primeiro deixar a nossa vida em ordem antes de nos casarmos. Não queremos que um cônjuge atrapalhe os nossos planos nem dê palpite nas nossas decisões. Somos pensadores independentes, e construir uma carreira é importante para o sucesso. Também protegemos o nosso futuro dos padrões estabelecidos pelos nossos pais, da adolescência prolongada e das pressões culturais. Se tudo isso afasta você do casamento em si, que diremos do casamento precoce...

O casamento dos seus pais

O tom começa cedo na vida. Começa em casa. Os seus pais imprimem um conjunto particular de crenças sobre o casamento — boas, ruins ou indiferentes — no fundo do seu coração. Você observa o casamento deles da primeira fila. Observou um lado desse casamento que seus chefes, amigos da igreja e vizinhos nunca viram. Talvez a melhor imagem seja que você viu o que acontecia a portas fechadas, não apenas o que acontecia no campo externo.

Como pastor, reajo com alarme às estatísticas mostrando que os jovens deixam a igreja aos 18 anos. Ouço incontáveis motivos para esse êxodo, mas, francamente, a principal razão é a diminuição no diálogo. As igrejas estão gastando mais com programas de jovens, contratando mais equipes e ensinando o compromisso mais profundo, mas os jovens de 18 anos continuam a deixar a igreja. Por quê? Estão abandonando a hipocrisia da igreja? Ou estão abandonando a hipocrisia do lar? Acho que a resposta está na última questão, não na primeira.

Não acredito que os jovens estejam rebelando-se contra a igreja tanto quanto estão à busca de um modelo de ser humano autêntico e genuíno que, primeiro, os leve à igreja. Eles, com frequência, observam o casamento dos pais e dizem: "Não quero isso para mim. Precisa haver um jeito melhor".

Talvez você esteja pensando: *Bem, mas não é verdade que os meus pais começaram desse jeito. Eles eram compatíveis e estavam muito apaixonados no início e, mais tarde, acabaram por se afastar?* Pode ser, mas a culpa não é do casamento. É deles. Eles permitiram que a situação evoluísse e os afastasse. Alguns casais da geração *baby boomer*, a geração nascida entre 1943 e 1964, hoje na meia-idade, parecem valorizar o compromisso em detrimento da diversão. É verdade, eu disse isso — diversão! Deus nos chama ao compromisso, mas também nos chama a um casamento comprometido e detestável? Não, de jeito nenhum. Mas quantos casais de hoje acreditam que têm um bom casamento cristão contanto que fiquem juntos?

Se os seus pais não modelaram um relacionamento saudável, saiba que o casamento deles não precisa ser o seu. Você escolhe se vai ou não se afastar do seu cônjuge. Talvez você precise livrar-se da definição de casamento adotada por seus pais e abraçar uma que seja mais bíblica: *um compromisso de vida inteira entre o marido e a esposa que desfrutam da vida e um do outro.*

A adolescência prolongada

Do ponto de vista escritural e histórico, há duas fases no desenvolvimento de um jovem: *criança* e, depois, *homem*. Essa transição foi explicada pelo apóstolo Paulo quando escreveu: "Quando eu era menino, falava como menino, pensava como menino e raciocinava como menino. Quando me tornei homem, deixei para trás as coisas de menino" (1Coríntios 13.11).

Ir de criança para homem significava:

- Deixar a casa (Gênesis 2.24)
- Formar-se na escola
- Conseguir um emprego
- Casar-se com uma mulher
- Começar uma família

Todos esses cinco marcos da vida aconteciam rapidamente, se não simultaneamente. Em nenhuma passagem das Escrituras você encontra um grande intervalo entre a infância e a maioridade. Mas, hoje, criamos um grande intervalo. Ele se chama adolescência.

A adolescência começa por volta dos 13 anos, mas, para alguns, continua até a casa dos 30 anos. Os jovens atuais ficam confusos sobre quando ou como amadurecer, e seus pais, a igreja e a cultura não os pressionam de forma alguma para que o façam.

Para muitos, a adolescência prolongada representa férias estendidas e livres de responsabilidade. O casamento é uma tremenda responsabilidade, e muitos jovens o adiam a fim de se divertirem mais, beberem mais, desfrutarem de mais amantes, ganharem dinheiro, conseguirem um bom emprego e aproveitarem sua liberdade. O tom da nossa cultura diz: "Por que eu iria querer me casar e estragar as coisas boas que comecei?". Essa é uma pergunta honesta porque casamento e adolescência não combinam.

Amo tudo a respeito do casamento. Desde a procissão da cerimônia até a recepção, e quem não adora uma festa que dura o dia todo? A única coisa de que não gosto em casamentos é a preparação e o ensaio. Os padrinhos do noivo, com frequência, chegam atrasados. As duas famílias precisam ser apresentadas uma à outra. As coisas andam devagar. E todos têm uma opinião sobre como a festa de casamento deve ficar ou como eles devem atravessar a nave da igreja. Trabalho sobre duas crenças fundamentais. Primeiro, a opinião da noiva é a única que interessa e, segundo, eu estou no comando. Se você acreditar nessas duas coisas, terá um excelente ensaio.

Vários verões atrás, pediram-me para celebrar o casamento de Jessica Paul. Ela é a filha do meu bom amigo, o dr. Bob Paul, presidente do Instituto Nacional de Casamento. Bob estava nervoso, mas preparado para dar em casamento sua filha mais velha. Eles faziam um par pai-filha excelente. Bob é alto e distinto; e Jessica, modelo profissional. O ensaio começou na hora certa, e estávamos fluindo até Bob me dar sua opinião.

— Bob, o que você está fazendo? — eu disse com exaustão sarcástica. Somos amigos, portanto, tenho muita liberdade com ele.

— Tenho um pouco de teologia por trás da vela da união, algo que quero ter certeza de que seja trabalhado na mensagem — insistiu ele.

Estamos com problemas. Tenho mães de noivas que me dizem como devo comportar-me, fotógrafos que dizem para me mover, e pais que me pedem para que a cerimônia seja rápida. Mas nunca me tinham dito o que dizer. Olhei para Bob com perplexidade, em estado de choque.

Bob ocupou os cinco minutos seguintes do ensaio para compartilhar sua percepção:

— Nossa maneira de ensinar a vela da união transmite uma falsa verdade sobre o casamento. Os noivos, tipicamente, acendem a vela do meio representando sua união e depois apagam as velas individuais. Tudo o que peço é que não apaguem suas velas individuais.

— Bob, você precisa falar isso agora? — perguntei.

Sua paixão pela vela continuou.

— Ted, você sabe o que estamos dizendo quando apagamos as velas individuais? Dizemos que a união triunfa, removendo a responsabilidade individual de crescer no Senhor. As velas sobre a mesa precisam representar três jornadas espirituais: a jornada de Jessica, a jornada de Cristo e a jornada marital deles.

Embora eu quisesse discutir com ele e chamá-lo de Martinho Lutero por ser reformador, na verdade prestei atenção a suas palavras. Elas fizeram sentido bíblico para mim.

Os pais são responsáveis pelas jornadas espirituais individuais dos filhos. Você é responsável por sua própria jornada individual. Talvez o que você tenha testemunhado enquanto crescia tenha sido uma abordagem negligente do crescimento espiritual. Talvez seus pais tenham permitido que o trabalho, as obrigações, as responsabilidades, você e seus irmãos os impedissem de desfrutar a vida um com o outro. Se for esse o caso, eles se esqueceram de priorizar o casamento acima de tudo e se acomodaram em um estilo de vida autocentrado, exatamente o oposto do chamado bíblico para nos submetermos um ao outro graças à nossa reverência a Cristo (Efésios 5). O casamento faz parte do amadurecimento. E, no processo, guarde seu coração desse tom autocentrado. Os solteiros, com frequência, usam palavras como "chamado" e "dom" para descreverem a decisão de não se casar. Você sabe muito bem se a sua vida de solteiro serve a Cristo ou serve a você mesmo. Portanto, não use a vida de solteiro como uma desculpa para prolongar a própria adolescência; antes, honre Cristo com a sua vida e honre o casamento.

A nossa cultura

Há uma verdadeira tensão entre o casamento e a maturidade e, para a nossa cultura, um dos seriados cômicos mais populares de todos os tempos definia claramente essa tensão. Encolhi quando ouvi *o tom* em um episódio de *Seinfeld*, no qual Jerry decide que é criança e precisa crescer. Já era tempo, Jerry! Então, ele busca conselho sobre a maturidade com o grande teólogo Kramer.

— Tive um almoço muito interessante com George... Nós dois meio que percebemos que somos infantis, não somos homens — começa Jerry.

— Então vocês se perguntaram: "Há algo mais na vida?" — replica Kramer.

— Foi exatamente isso o que perguntamos — diz Jerry.

— Sim, bem... deixe-me lhe dar uma dica a respeito de algo: Não há... No que está pensando, Jerry? Casamento? Família? — pergunta Kramer.

— Bem... — responde Jerry.

— Essas coisas são prisões! Prisões feitas pelo homem. Você fica preso. Levanta de manhã, ela está lá. Vai dormir à noite, ela está lá.

56 ♥ Jovem e apaixonado

É como se você tivesse de pedir permissão para usar o banheiro — diz Kramer com atitude pomposa.

— Estou contente por termos tido essa conversa — replica Jerry.

— Ah, você não faz a menor ideia — responde Kramer.[1] Kramer fala por toda uma geração de pessoas que estão adiando o casamento. Mas eu pergunto: Por que esperar? Por que o adiamento? Você realmente tem de escolher entre a vida e uma esposa? A adolescência prolongada não significa que precisamos adiar o casamento. O casamento é a maior ferramenta da terra para nos amadurecer e para tornar cada um de nós mais semelhante a Jesus. Mude os pensamentos clichês, como "a patroa", "estar amarrado" e "marcar passo". Em vez disso, troque essas ideias por um casamento que ajudará você a desfrutar a vida e o seu cônjuge.

Se você não contestar, o tom acabará por o convencer. Deixo os solteiros da minha igreja loucos com meu conselho constante: "Comecem a namorar e casem-se". Menininhos na casa dos 20 anos me deixam insano porque, semana após semana, sentam-se na nossa congregação rodeados de moças bem qualificadas e, ainda assim, não as convidam para sair. Estou na casa dos 30 anos, mas esses camaradas me olham como se eu fosse um homem velho fazendo-lhes o discurso do tipo "naquele tempo".

A Bíblia tem um tom em relação ao casamento e à família e posso garantir que é muito diferente do que você ouve de seus pais, amigos, da cultura e até mesmo de algumas igrejas. Achei que racharia a nossa igreja no domingo em que desafiei alguns rapazes solteiros a começarem a convidar mães solteiras para sair. Falei com um tom que muitos comentaram como: "Foi algo que nunca ouvimos sair da boca de um pastor".

---

[1] DAVID, Larry. The Engagement, **Seinfeld**, season 7, episode 1, dirigido por Andy Ackerman, apresentado em 21 de setembro, 1995. New York: National Broadcasting Company, 2006, DVD.

As mães atraentes

Procuro constantemente novas maneiras de chocar a congregação de Woodland Hills. Não é necessário muito para isso e não preciso ser muito criativo; a Bíblia me dá todas as oportunidades para isso. Um texto particular provocou uma boa agitação na igreja e assustou muitos dos nossos solteiros. Fui lembrado de como é fácil abraçarmos os valores mundanos para o casamento e rejeitarmos completamente os valores de Deus.

Durante o verão de 2010, preguei todo o livro de 1Timóteo. É uma carta escrita por um pastor idoso a um jovem pastor que está lutando para manter a igreja saudável. Paulo encoraja o jovem Timóteo com um manual prático sobre adoração, liderança e cuidado com toda a família da igreja. Um dos ensinamentos práticos desse livro é uma abordagem radical do cuidado com as mães solteiras da igreja. A solução de Paulo? Casamento. Provavelmente, essa é uma solução que nem os seus pais, tampouco a nossa cultura, jamais ensinaram a você.

Essa passagem ensina que as mães solteiras com idade acima de 60 anos e sem família para cuidar delas devem ser um ministério da igreja:

> Nenhuma mulher deve ser inscrita na lista de viúvas, a não ser que tenha mais de sessenta anos de idade, tenha sido fiel a seu marido e seja bem conhecida por suas boas obras, tais como criar filhos, ser hospitaleira, lavar os pés dos santos, socorrer os atribulados e dedicar-se a todo tipo de boa obra (1Timóteo 5.9,10).

Temos muitas mães solteiras na Woodland Hills Family Church que foram deixadas pelo marido. Esses homens tiveram um caso e as trocaram por outra mulher, ou apenas decidiram ir embora sem motivo algum. Eles deixam a esposa e os filhos desamparados e sem aviso prévio.

Esses homens são imprestáveis. Francamente, fico furioso por ter de juntar as peças na igreja para menininhos que não conseguem ser homens e cuidar da própria família. Esses camaradas têm a coragem de brigar na justiça a respeito de quanto os filhos devem receber de pensão. Quando encontro um homem que está brigando na justiça sobre quanto deve pagar para cuidar dos filhos, tenho, em amor pastoral, vontade de quebrar o nariz dele. Não consigo acreditar que ele está realmente brigando sobre quanto seus filhos devem receber por mês. Ele devia ir embora sem nada, viver em um apartamento de um cômodo ou no sofá de um amigo. Ele deixou a esposa e agora quer forçá-la a passar dificuldade pelo resto da vida? Os homens jovens estão abandonando as mulheres jovens. Em Woodland Hills, temos mães solteiras de 21 anos. O que dizer a uma mãe solteira de 21 anos? *Case-se*. As mães solteiras e os filhos sem pai precisam de marido e pai. Aqui é que as feministas ficam loucas comigo. Mas as mães solteiras de 21 anos não precisam ser postas em uma lista para a igreja demonstrar benevolência. Ao contrário, os homens jovens da igreja precisam casar com elas. Paulo continua:

> Não inclua nessa lista as viúvas mais jovens, pois, quando os seus desejos sensuais superam a sua dedicação a Cristo, querem se casar. Assim elas trazem condenação sobre si, por haverem rompido seu primeiro compromisso. Além disso, aprendem a ficar ociosas, andando de casa em casa; e não se tornam apenas ociosas, mas também fofoqueiras e indiscretas, falando coisas que não devem. Portanto, aconselho que as viúvas mais jovens se casem, tenham filhos, administrem suas casas e não deem ao inimigo nenhum motivo para maledicência. Algumas, na verdade, já se desviaram, para seguir a Satanás (1Timóteo 5.11-15).

Sabe do que as mães solteiras da Woodland Hills Family Church precisam? Elas precisam de marido. Sabe do que as crianças sem pai da Woodland Hills precisam? Elas não precisam de outro programa do governo, *precisam de pai*.

Como igreja, que nunca (estou indo onde os anjos não ousam ir) olhemos a maternidade solteira como algo ideal ou normativo. Um filme intitulado *Coincidências do amor*, estrelado por Jennifer Aniston, faz exatamente isso. É uma comédia, mas a linha que atravessa o filme é: "As mulheres não precisam dos homens para terem bebês". Aniston, falando sobre a trama, declarou: "As mulheres começam a perceber cada vez mais que não precisam perder tempo com um homem para terem um filho... Elas estão percebendo que, se chegar esse momento em sua vida e se elas quiserem ter essa experiência, podem realizar esse desejo com os homens ou sem eles".[2]

O termo hebraico para isso equivale a *besteiras*. É uma bobagem total. É uma doutrina demoníaca, e Satanás a embalou nessa coisa chamada feminismo. O plano de Deus é que as mães solteiras se casem.

Desafio constantemente os homens jovens da nossa igreja a considerarem as mães solteiras quando escolhem um par. Alguns de vocês estão pensando: *Que tipo de culto bizarro Ted está celebrando ali em Branson?* Dê-me apenas um segundo e não me abandone ainda. Alguns homens jovens não prestam atenção às mulheres extraordinárias da igreja por causa da dita bagagem delas. Eles não querem lidar com enteados nem com ex-maridos. Mas devo dizer: as mães solteiras não são bens de consumo danificados. Mais uma vez, no hebraico a palavra para isso equivale a *besteiras*. É necessário um homem de verdade para

---

[2] MARIKAR, Sheila. "Jennifer Aniston vs. Bill O'Reilly: The Family Factor. **ABCNews. com**. 12 de agosto de 2010, disponível em: <www.abcnews.go.com/Entertainment/jennifer-aniston-bill-oreillyfamily-factor/story?id=11383536>. Acesso em: 10 mar. 2013.

60 ♥ Jovem e apaixonado

casar com uma mulher que já tem filhos. É necessário um homem que abrace a responsabilidade *e* a maturidade.

Alguns de vocês, caros leitores, precisam considerar a possibilidade de casar com uma mãe solteira da igreja e adotar os filhos dela como seus. Quando faz isso, sabe o que você é? Um homem de verdade. Após pregar esse texto de 1 Timóteo, um homem na casa dos 50 anos se aproximou de mim com lágrimas nos olhos. Ele disse:

— Ted, durante toda a manhã enquanto você pregava pensei no meu padrasto. Ele se casou com a minha mãe, acolheu todos os sete filhos dela e nos adotou como seus. Ele foi o homem mais extraordinário que já conheci.

Concordei com ele.

Quer ser um homem de Deus que põe a sua fé em prática? Se quiser, cuide das viúvas e dos órfãos: "A religião que Deus, o nosso Pai, aceita como pura e imaculada é esta: cuidar dos órfãos e das viúvas em suas dificuldades e não se deixar corromper pelo mundo" (Tiago 1.27). A melhor maneira de a igreja cuidar das viúvas jovens e dos órfãos é encorajar os homens solteiros e jovens a se casarem com elas e adotarem seus filhos.

Lembro regularmente aos jovens da Woodland Hills que temos muitas mães solteiras atraentes na nossa igreja. Encorajo-os a fazer contato com os filhos, ficar perto deles e observá-los antes de convidarem as mães para sair. Não é brincadeira. Até mesmo pedi para que fossem acrescentados dois campos no nosso cartão de conexão da Woodland Hills — em um campo você pode assinalar "Mãe solteira à procura de amor"; e no outro "Rapaz solteiro procura uma mãe atraente".

Os pais podem resistir à ideia de o filho se casar com uma mãe solteira. Isso porque, de uma hora para outra, terão netos que tecnicamente não são seus, ou talvez porque seu filho não terá o casamento dos sonhos. E a igreja pode encorajar a mãe solteira a se concentrar em seus filhos, e a não se preocupar com o casamento. Em um caso ou outro, por favor leia 1Timóteo 5.1,2,11-15. *A igreja é uma família.* Temos muitas mães, pais, irmãos e irmãs na igreja para ajudar você a conduzir uma situação de família mesclada. Convoque-os para guardarem seu amor jovem. Mães, pais, irmãos e irmãs mais velhos, não façam o papel de raposas para o amor jovem que Deus pede que a igreja nutra.

Diário de *Jovem e apaixonado*

Que aspectos do casamento dos seus pais você quer copiar?

Que aspectos você prefere evitar?

Como você definiria assumir o namoro, o amor e o casamento ao estilo de Hollywood? Quais são alguns dos valores mais óbvios?

Que valores culturais você abraça como seus?

Alerta de raposa: os filmes

Elizabeth Gilbert, autora campeã de vendas na lista do *New York Times*, escreveu o livro *Comer, rezar, amar*. O livro começa com Gilbert se divorciando de seu marido em um esforço para "se descobrir". O livro se tornou tão popular que foi adaptado em filme estrelado por Julia Roberts. No filme, ela visita a Itália para comer, a Índia para orar e a Indonésia para amar. Claudia Puig, escritora do *USA Today*, comentou que o livro e o filme apresentam a história fraca de uma "mulher privilegiada que termina seu casamento por motivos vagos e decide entrar em contato com seu verdadeiro 'eu' ". Puig acrescenta: "A jornada toda parece descrever a experiência de uma menina rica misturando-se com pessoas de classes sociais inferiores."[3] Tome cuidado com as raposas na tela dos cinemas. As mensagens são sutis, mas influentes. Mais de uma vez eu me peguei assistindo a um filme e dizendo: "Isso parece certo", quando a ação ou os motivos do filme apresentavam valores opostos aos das Escrituras. Os sentimentos são bons e concedidos por Deus, mas devem ser filtrados através da Bíblia.

Para mais discussão, enumere alguns filmes populares de que você gostou e que retratam um casal vivendo junto ou tendo relações sexuais fora do casamento.

---

[3] PUIG, Claudia. "Eat Pray Love"? More like "Me Me Me amid beautiful scenery". **USA Today.** 12 de agosto de 2010.

Capítulo 4

As consequências

Recordo-me da sua fé não fingida, que primeiro habitou em sua avó Loide e em sua mãe, Eunice, e estou convencido de que também habita em você.

— 2 Timóteo 1.5

A minha geração foi a primeira a levar a sério o adiamento do casamento e da formação da família. Na década de 1970, a idade média do primeiro casamento era de 21 anos para as mulheres e 23 anos para os homens. No ano de 2009, a idade média para o primeiro casamento subiu para 26 anos para as mulheres e 28 para os homens.[1]

Os nascidos entre 1960 e 1980 formaram a primeira geração a ficar solteira por um extenso período de tempo. Os nossos pais foram

---

[1] Median Age at First Marriage, 1890–2007. Information Please® Database, © 2009 Pearson Education, Inc., disponível em: <http://www.infoplease.com/ipa/A0005061.html#ixzz1DO3zuKTO>. Acesso em: 10 mar. 2013.

64 ♥ Jovem e apaixonado

a primeira geração, como um todo, a encorajar os filhos a adiar o casamento. Os *boomers*, nascidos entre 1943 e 1960, tiveram sucesso. Seus pais, os *builders* (nascidos antes de 1943), ao contrário dos *boomers*, queriam que os filhos fossem bem-sucedidos em tudo. Os *builders*, por exemplo, ficavam emocionados quando os filhos conseguiam ler. Mas ler não era suficiente para os filhos dos *boomers*. Eles queriam que os filhos lessem mais rápido. Então, eles adquiriram livros que ensinavam a acelerar a leitura e inscreviam os filhos em classes para superdotados e em programas de estudo com prêmios concedidos aos alunos.

Os *boomers* eram mandados para fora de casa quando adultos e forçados a enfrentar o mundo cruel e difícil. Eles ouviam a frase: "Cresça, arrume um emprego e se case". Essa expectativa era depositada sobre os ombros deles desde a mais tenra idade. Mas os *boomers* adiaram o crescimento de seus filhos, a geração X, e não os mandaram para fora de casa tão depressa. Por quê? Eles queriam que os filhos fossem bem-sucedidos. Assim, para garantir o sucesso dos filhos, os pais *boomers* protegeram o estudo universitário e a carreira dos filhos de todos os males potenciais. O amor, o casamento e os relacionamentos eram as principais distrações na faculdade. Por isso, eles encorajaram os filhos a esperar, e isso funcionou. A geração X, em sua maioria, esperou estar estabelecida na carreira antes de pensar em casamento e filhos.

O que os *boomers* não perceberam é que involuntariamente estavam limitando a própria participação em sua futura família.

Tchau, vovó

Os avós sempre foram parte integral da vida familiar. Muitos de nós temos histórias de férias e feriados ao lado dessas pessoas especiais que chamamos de vovô e vovó. A erradicação dos avós da nossa família é apenas uma das consequências de adiar o casamento.

Mark Gungor foi o primeiro pastor que ouvi mencionar a correlação entre adiamento do casamento, a maturidade e a influência dos avós. Ele disse: "Aqueles que adiam o casamento (e, por conseguinte, a criação dos filhos) negam a si mesmos uma das maiores alegrias que os homens e as mulheres cultivam há milênios: participar da vida de seus netos".[2]

Margaret Cadigan nasceu em 1895. Ela se casou com o meu bisavô em 1915. Os dois estavam na casa dos 20 anos. Eles tiveram um filho a cada dois anos, quatro ao todo. Minha avó Mary Jane era a caçula, nasceu em 1923. Mary Jane esperou até ter 24 anos para se casar com meu avô Earl. O adiamento deles teve uma causa justa. Primeiro, a minha avó não queria roubar todo o alarido do casamento da irmã. Ela disse ao meu avô que eles só ficariam noivos depois do casamento da irmã dela. Mas o segundo motivo foi até mais forte. O meu avô serviu durante cinco anos na Segunda Guerra Mundial, um adiamento que provavelmente você e eu não imaginaríamos hoje.

Os meus avós tiveram três filhas. Bonnie se casou aos 20 anos, Bev aos 18 e Jan aos 19. Todas as três tiveram filhos pouco tempo depois de se casarem. Bonnie é minha mãe e teve o meu irmão Andy em 1970, um ano e meio após seu casamento.

Por que contei a história de toda a minha família? Não se preocupe, não planejo mostrar-lhe fotografias das nossas férias, mas essa história é muito importante. Veja bem, adiar o casamento não tem raiz histórica. O adiamento do casamento é novidade para a minha geração

---

[2] GUNGOR, Mark. A Case for Young Marriage. **Young Marriages**. *Site*: <www.youngmarriages.com/articles/34-a-case-for-young-marriage>. Acesso em: fev. 2011.

e, como resultado disso, os casais estão tendo filhos mais tarde. Durante séculos, as pessoas se casaram jovens e começaram a família cedo, e essa era simplesmente a norma cultural.

Amy e eu casamos cedo, mas esperamos sete anos para ter filhos. Não julgo as pessoas por quererem adiar o casamento por causa de sua dita necessidade de ganhar dinheiro, estabelecer um lar, dar início a uma carreira ou conservar a liberdade e a diversão. Eu também queria isso. Não pensava que o casamento me deteria, mas acreditava que os filhos deteriam. Fui egoísta? Honestamente, de algumas maneiras fui sim.

Amy e eu somos pais de Corynn (nascida em 2003) e de Carson (nascido em 2005). Eu tinha 29 anos quando Corynn nasceu. Se Corynn esperar até ter 30 anos para se casar e, depois, esperar mais cinco anos para ter filhos, estarei com 64 anos quando meu primeiro neto entrar em cena. Terei 66 anos quando nascer o filho de Carson se ele seguir o mesmo padrão. Essa é uma importante mudança, considerando o fato de que a minha mãe foi avó aos 45 anos, quando nasceu a filha do meu irmão. Faça as contas. Estamos a apenas algumas gerações de os avós serem totalmente tirados de cena. Se a tendência de adiar o casamento e a chegada dos filhos continuarem em voga, eliminaremos sistematicamente os avós da nossa sociedade.

Não estamos apenas nos despedindo dos avós, mas esse fenômeno tem muitas outras consequências.

O adiamento do casamento adia a maturidade da vida adulta
Ryan Pannell, terapeuta de casamento e famíl a, define a adolescência prolongada como o período em que uma pesso tem privilégios demais e poucas responsabilidades. Se você sempre teve privilégios a vida toda, abraçar a responsabilidade é bastante difícil. Muitos pais permissivos e propensos a sentirem culpa achavam que prejudicariam os filhos

de alguma maneira se lhes pedissem para amadurecer. Como resultado, os pais involuntariamente prolongaram a adolescência deles e, mais tarde, ficaram com os filhos encalhados em casa, pois estes não estavam de modo algum preparados para a vida adulta. Por isso, alguns pais passaram a ter esperanças de que a faculdade ou o primeiro emprego ajudasse os filhos nesse processo de amadurecimento.

O casamento traz grande responsabilidade. Não é possível ter um casamento bem-sucedido se você viver sob o lema: "Cuide primeiro de si mesmo". Você sempre tem de levar em consideração os sentimentos e as necessidades de seu cônjuge antes de tomar decisões importantes. E isso pode ser muito difícil, sobretudo se você foi criado em uma família centrada nos filhos na qual você era o líder e cantava de galo. O adiamento desnecessário do casamento pode prolongar o senso de direito e egocentrismo, permitindo que alguns jovens evitem mais responsabilidade. O senso de direito carrega o tom de "eu mereço", promovendo o privilégio e adiando a responsabilidade.

Gênesis 2.24 diz: "Por essa razão, o homem deixará pai e mãe e se unirá à sua mulher, e eles se tornarão uma só carne". O casamento acontece no início da vida adulta. Esse versículo estabelece o casamento como o principal marco na vida de um adulto jovem, assinalando a transição da infância para a idade adulta. Os marcos tradicionais da idade adulta incluem sair de casa, conseguir um emprego, casar e começar uma família. O plano de Deus, desde o princípio, era que você e eu deixássemos a casa dos nossos pais já como adultos, não apenas para começar uma jornada para nos tornarmos adultos.

É triste quando encontro jovens de 17 ou 18 anos sendo criados por pais que têm baixas expectativas para os filhos. Talvez os seus pais tenham dado privilégios em excesso a você e nenhuma responsabilidade, mas amo você demais para deixar que fique sob a escravidão das baixas expectativas. O motivo pelo qual acredito que você pode casar em idade jovem é que acredito que você pode aceitar a responsabilidade pessoal em qualquer idade. Você não precisa esperar que a responsabilidade seja entregue por seus pais. Você pode fazer a escolha hoje.

A verdadeira questão não é o seu intelecto, mas a sua maturidade e atitude. Recentemente encarei um livro que ainda não tivera estômago para ler. O título do livro é *The Idle Parent: Why Laid-Back Parents Raise Happier and Healthier Kids* [O pai ocioso: por que pais relaxados criam filhos mais felizes e mais saudáveis]. O meu problema é que, para ser realmente honesto com você, não estou interessado em criar filhos felizes. Quero ajudar a criar adultos responsáveis.

Veja bem, acredito que a maturidade adiada é produto da paternidade excessivamente permissiva. Muitas vezes temos, como pais, medo de prejudicar emocionalmente os nossos filhos, por isso damos a eles tudo o que querem e não os fazemos trabalhar por nada. Isso dá à criança o senso de que ela está no controle e, pior, que o mundo gira em torno dela. Essa jornada começa e termina em casa, e, se sua infância foi assim, há um remédio realmente simples. Seja responsável conectando o privilégio diretamente à responsabilidade. Não use o adiamento do casamento com mais uma desculpa para evitar o amadurecimento porque o casamento, na verdade, faz parte do processo de amadurecimento.

O adiamento do casamento cria egocentrismo e independência

Os especialistas atuais defendem que o adiamento do casamento dá à pessoa a independência necessária para um casamento mais sólido posteriormente. Como pastor, posso ser franco com você? No meu escritório, já vi isso centenas de vezes enquanto aconselho casais: os cônjuges (às vezes apenas um deles) contam como querem ter uma vida independente. *Carreiras independentes. Contas bancárias independentes. Objetivos independentes. Sonhos independentes. Até mesmo igrejas independentes*. Vejo isso o tempo todo. A atitude "sou mais eu" é destrutiva para o casamento. Essa atitude levou a liberal Gloria Steinem a declarar que o casamento é um arranjo "para uma pessoa e meia". Se por independência você se refere à libertação da responsabilidade e a alguns anos extras ou até mesmo a uma década para explorar a sua própria identidade, não conte comigo. Aprecio os pensamentos de Danielle Crittenden sobre a crise de identidade que os solteiros enfrentam na cultura secular: "Em certa época se imaginou que um marido e filhos eram essenciais para a identidade da mulher, eram as fontes de propósito para sua vida; hoje, eles são considerados acessórios periféricos que juntamos apenas depois de a nossa identidade estar plenamente instalada e funcionando".[3]

A independência não garante o desenvolvimento do caráter. Crittenden continua: "Passar anos e anos vivendo totalmente para si mesmo, pensando apenas nas suas necessidades e desejos, e não tendo nenhuma responsabilidade além da sua própria sobrevivência e prazer, termina inadvertidamente por estender a existência introvertida de um adolescente até uma idade bem avançada, a meia-idade".[4] Conheço muitos rapazes que trabalham o mínimo de horas no emprego, bebem demais, ficam acordados até tarde jogando video games e assistindo à pornografia e ainda têm algum tipo de personagem de desenho estampado no lençol da cama. E eles estão na casa dos 30 anos. Veja bem, tempo sozinho não é a principal ferramenta para a edificação do caráter. Desenvolvemos o caráter por meio do sofrimento, das provações e das dificuldades e por como escolhemos lidar com essas adversidades, não por intermédio da

---

[3] Crittenden, Danielle. **What Our Mothers Didn't Tell Us**. Nova York: Simon and Schuster, 1999. p. 60–61.
[4] Ibid., p. 69.

simple independência. O casamento oferece muitas oportunidades para o desenvolvimento do caráter porque ele nos força a pensar em alguém além de nós mesmos.

Alerta de raposa: amigos solteiros ou casados que querem ser solteiros

Tenha cuidado com as pessoas com quem você se associa quando é jovem e está apaixonado. É mais que provável que você tenha amigos solteiros e imaturos que anseiam por prolongar a adolescência — seja como for que a chamem. O casamento obriga a uma responsabilidade e abnegação que eles desconhecem. Isso pode significar encontrar novos amigos ou se associar a pessoas diferentes, o que é muito bom — de todo modo, o seu tempo será limitado. E tenho visto casamentos terminarem quando um dos cônjuges escolhe viver sua independência agindo como se fosse solteiro de novo. Longas noitadas fora com amigos não é algo prático quando você administra uma casa, cria filhos e trabalha em período integral.

O adiamento do casamento significa menos escolhas

Branson, no Missouri, é uma cidade pequena, e o cenário para o solteiro não oferece muitas oportunidades. Vários anos atrás, comecei a me encontrar regularmente com Joe, um baterista solteiro na casa dos 20 anos que no fim acabou mudando de Branson para a cidade grande a fim de encontrar um amor. Sua motivação era boa, mas suas escolhas na cidade eram poucas.

Os jovens mudam de cidade, igreja ou escola para encontrar o amor. Essa é a busca patética de uma pessoa desesperada? De jeito nenhum! A busca do amor deve ser honrada por todos, em especial pelas comunidades da igreja. De acordo com Danielle Crittenden, quanto mais você espera, menores são suas chances de encontrar o amor.

Se uma mulher fica solteira até ter passado dos 30 anos, ela pode acabar dando tapinhas no relógio e olhando o túnel agora misteriosamente vazio, perguntando se houve um descarrilamento ou um acidente em algum ponto ao longo da linha. Quando finalmente um trem entra na estação, está cheio de homens desajeitados e loucos — como um carro do metrô da cidade de Nova York à noite; Peter Pans imaturos e esquivos que não se comprometem nem em tomar uma segunda xícara de café, que dirá ter um segundo encontro; solteirões neuróticos com hábitos estranhos; predadores sexuais que dão em cima de todas as mulheres que encontram; homens recém-divorciados procurando prazer em qualquer lugar possível; homens amargurados e desprezados que ainda sentem vontade de se vingar da última namorada; homens que também estão muito preocupados com sua carreira para pensar em mais alguém de uma semana para a outra; homens que simplesmente são fracos ou estranhos para atrair o interesse de qualquer outra mulher. Os homens sensíveis, decentes e de boa aparência que uma mulher rejeitou aos 24 anos porque não estava preparada para casar parecem ter saltado em outra estação.[5]

Adiar o casamento, com frequência, é o resultado de adiar a pesquisa. Não há nada de fraco ou inseguro em procurar e desejar um cônjuge, portanto tome a decisão logo, enquanto há mais parceiros

---

[5] CRITTENDEN, Danielle, **What Our Mothers Didn't Tell Us**, p. 65–66.

72 ♥ Jovem e apaixonado

potenciais para escolher. Quando as raposas começarem a caçar alguém que você encontrou, reflita seriamente sobre essa situação.

Alerta de raposa: os pastores e os líderes da faculdade

Conheço diversos ministros que treinam alunos do ensino médio e superior fora da igreja. Muitos dos líderes que dirigem essas organizações dissuadem seus alunos de namorar a fim de se concentrarem nos estudos e no relacionamento com Cristo. Fique alerta acerca de qualquer ministro que desestimule os jovens na casa dos 20 anos de namorar. Quando você é solteiro e está rodeado de outros solteiros, esse é o momento perfeito para encontrar alguém e casar. Se participar de uma escola ou organização que tiver uma política antinamoro, você tem de se submeter a essa autoridade e respeitar a política. Mas *é melhor você ficar esperto!*

O adiamento do casamento aumenta a pressão pelo pecado sexual e as chances de divórcio

Os defensores do adiamento do casamento acreditam que adiar o casamento aumenta as chances de um casamento duradouro. Eles dizem que a espera até ter mais de 25 anos reduz as chances de divórcio.

Um estudo conduzido pelo National Healthy Marriage Resource Center [Centro Nacional de Recursos para o Casamento Saudável] afirmou que adiar o casamento para depois dos 25 anos reduz em mais de 25% a chance de divórcio. O centro descobriu que quase a metade de todos os casamentos em que a noiva tem 18 anos ou menos termina em separação ou divórcio em dez anos. Para as noivas de 25 anos ou mais, a metade dos casamentos se desfazia.[6]

---

[6] SALTZ, Gail. *Are Young Marriages Doomed to Fail?* **iVillage.com**, disponível em: <www.gailsaltz. ivillage.com/love/archives/2006/11/are-young-marriages-doomed-to.html>. Acesso em: jun. 2010.

Contudo, existe outro corpo de pesquisa que os defensores do adiamento do casamento deixam de fora. A maioria das pesquisas defendendo o adiamento do casamento é conduzida por escolas públicas que não estão preocupadas se seus alunos têm relações sexuais fora do casamento ou não. Por isso, vemos a maioria dos solteiros de hoje adiando o casamento, mas tendo relações sexuais:

> Mais de 90% dos adultos norte-americanos mantêm relações sexuais antes do casamento. [...] Pouco menos de 80% dos protestantes conservadores solteiros frequentadores de igreja que estão namorando alguém no momento têm algum tipo de atividade sexual.[7]

A relação sexual antes do casamento ou a coabitação antes do casamento aumenta consideravelmente suas chances de divórcio. A relação sexual no casamento é maravilhosa demais para você permitir que ela se torne uma raposa antes do casamento.

O adiamento do casamento declara a condição de solteiro como normativa e ideal

A condição de solteiro é um assunto delicado na igreja. As Escrituras podem ser mal utilizadas dependendo do ponto que se tenta apresentar. Pode-se apontar para 1Coríntios 7, passagem em que Paulo diz que é "bom que permaneçam como eu", ou seja, solteiros (1Coríntios 7.8), e que "aqueles que se casarem enfrentarão muitas dificuldades na vida, e eu gostaria de poupá-los disso" (1Coríntios 7.28). Mas Deus disse que tudo o que ele criou era bom. A única coisa que fugia a essa

---

[7] REGNERUS, Mark. The Case for Early Marriage. **Christianity Today**, 31 de julho de 2009, disponível em: <www.christianitytoday.com/ct/2009/august/16.22.html>. Acesso em: 10 mar. 2013.

apreciação era o homem estar sozinho. Gênesis 2.18 declara: "Então o SENHOR Deus declarou: 'Não é bom que o homem esteja só; farei para ele alguém que o auxilie e lhe corresponda' ". Salomão disse para o leitor desfrutar "a vida com a mulher a quem você ama" (Eclesiastes 9.9). E Provérbios 18.22 observa: "Quem encontra uma esposa encontra algo excelente; recebeu uma bênção do SENHOR". Assim, qual versículo seguimos? Qual descartamos? A resposta é simples: não descarte nenhum deles. Guarde-os e siga todos eles.

No último verão, tive a oportunidade de falar a todos os candidatos a missionários em uma igreja de uma importante denominação. Falei a missionários casados nos anos passados, mas, dessa vez, eles me pediram para liderar uma sessão conjunta tanto de casados quanto de solteiros. Os casais dos anos anteriores sentiram que as sessões em que ensinei sobre o casamento também seriam benéficas para os solteiros.

Assim, apresentei a minha fala favorita sobre casamento com base em Eclesiastes à qual chamo de "Anime-se, em breve você estará morto". O esboço da fala é simples. A vida é dura. Depois, você morre. Nesse ínterim, desfrute a vida com a sua esposa (Eclesiastes 9.7-9). Sempre nos divertimos muito nessa sessão, mas, nessa ocasião particular, havia um jovem que não se divertiria nem um pouco.

No fim da sessão, ele veio à frente e perguntou se podia dizer algumas palavras. Uma vez que eu era um convidado, não cabia a mim recusar. Entreguei-lhe o microfone, e ele começou a explicar. Em poucas palavras, eis o que ele disse: "Estou cansado de ouvir as pessoas da igreja transformando o casamento na coisa mais extraordinária. Isso é aviltante para os solteiros".

Ele prosseguiu por cerca de dez minutos e quase validou cada ponto que eu acabara de apresentar sobre a adolescência prolongada. Quando peguei o microfone de volta, não o critiquei, mas disse gentilmente: "Paulo deixou muito claro que a capacidade de permanecer solteiro e celibatário é para poucos que conseguem exercer autocontrole. Para a maioria de nós, homens, o sexo é algo pelo que temos um desejo profundo constantemente. Se consegue viver uma vida sem manter relações sexuais e sem se masturbar, prestando um serviço fiel ao Senhor, então você é a exceção, não a regra. Pois o resto de nós precisa casar".

Tornei um objetivo meu aproximar-me desse jovem antes de ir embora. Uma coisa que aprendi na companhia de homens mais velhos e mais sábios foi que as pessoas que estão sofrendo, com frequência, ferem outras pessoas. O ponto em discussão raramente é o problema. Esse missionário jovem e solteiro estava frustrado depois de não ter conseguido auxílio financeiro das igrejas simplesmente por ser solteiro. Essa era uma questão totalmente distinta, e sou capaz de entender seu sofrimento, mas, não obstante, temos de promover e honrar o casamento.

O pastor Mark Driscoll, de Mars Hill Seattle, escreveu: "Na verdade, a condição de solteiro não é ruim, conforme exemplificado por Jeremias, Jesus e Paulo. Contudo, a condição de solteiro não é normativa nem superior à de casado".[8] Não podemos elevar a condição de solteiro acima do *status* de casado; antes, deveríamos defender o casamento sobre a condição de solteiro. Ele evita o pecado e honra o plano de Deus para seu povo.

Alerta de raposa: uma interpretação equivocada de 1Coríntios 7.6–9

Tenha cuidado para não usar a passagem de 1Coríntios como uma desculpa para adiar o casamento em favor de uma vocação ministerial ou um lugar de serviço na igreja. A condição de solteiro é a exceção, não

---

[8] Driscoll, Mark. **Religion Saves**. Wheaton, IL: Crossway, 2009. p. 186.

76 ♥ Jovem e apaixonado

a regra. Se você mantém o autocontrole sobre a luxúria e a masturbação, então pode estar entre uma das concessões de Paulo.

Casamento adiado, no fim, pode significar nenhum casamento

A revista *Newsweek* desenvolveu recentemente uma série de artigos intitulada "O casamento reconsiderado". Um dos artigos da série era intitulado "Comigo não: por que sou contra o casamento".[9] As escritoras Jessica Bennett e Jesse Ellison são mulheres "modernas" com uma posição pós-moderna em relação ao casamento:

> Era uma vez a época em que o casamento fazia sentido. Era como as mulheres garantiam sua segurança financeira, conseguiam que o pai de seus filhos não se afastasse e tinham acesso a uma multidão de direitos legais. Mas, quarenta anos depois, o movimento feminista estabeleceu os nossos direitos no ambiente de trabalho, uma geração depois o índice de divórcio atingiu o pico e, uma década depois, o seriado *Sex and the City* [O sexo e a cidade] transformou a condição de solteira em algo chique; o casamento — seja como for da perspectiva legal e prática — não era mais necessário. [...] As mulheres, agora, constituem a maioria da força de trabalho; estudamos e nos qualificamos mais, somos menos religiosas, e o aspirador de pó e a máquina de lavar tornam a vida doméstica mais fácil. Também somos as provedoras (ou coprovedoras) em dois terços das famílias norte-americanas. [...] Temos o nosso próprio plano de saúde e o nosso próprio plano de previdência privada e não precisamos

---

[9] Tradução livre do título original "I Don't: The Case Against Marriage!".

mais de uma certidão de casamento para visitar nosso parceiro no hospital. O casamento, para muitas de nós, não significa nem mesmo isenção fiscal.[10]

Para alguns, o adiamento é indefinido. Eles pesam a decisão de se casar na mesma balança que as contribuições para o plano de previdência privada, o plano de saúde, os impostos e a instrução. Argumento que fazer isso desonra o casamento. O casamento e a família ainda fazem sentido porque são um chamado mais elevado que o trabalho, a educação ou a posição.

O dr. Albert Mohler, presidente do Southern Baptist Theological Seminary, respondendo às reflexões desse artigo, escreveu:

> O ensaio de Jessica Bennett e de Jesse Ellison é um lembrete inegável do nosso desafio de reconstruir a cultura de casamento e iniciar isso nas nossas igrejas. Bennett e Ellison declaram: "Era uma vez a época em que o casamento fazia sentido". Uma tarefa essencial da igreja cristã é reconstruir e manter uma cultura de casamento — mesmo quando o próprio casamento não faz mais sentido para tantas pessoas à nossa volta.[11]

À medida que o mundo se afasta do casamento, sinto uma urgência cada vez maior e vejo ainda mais motivos para que os jovens abracem a Bíblia, casem-se e comecem uma família. A solução não são

---

[10] BENNETT, Jessica; ELLISON, Jesse. I Don't: The Case Against Marriage. **Newsweek**, 11 de junho de 2010, disponível em: <www.newsweek.com/2010/06/11/i-don-t.html>. Acesso em: 10 mar. 2013.

[11] MOHLER, Albert. The Case Against Marriage, Courtesy of Newsweek. **AlbertMohler.com**, 25 de junho de 2010, disponível em: <www.albertmohler.com/2010/06/25/the-case-against-marriagecourtesy-of-newsweek>. Acesso em: 10 mar. 2013.

batalhas nos tribunais a respeito do casamento homossexual. Antes, casar-se e ser fiel ao cônjuge é a única solução. Quando conseguirmos alguns milhões de seguidores de Jesus modelando o evangelho em seu casamento, veremos uma revolução varrer o mundo.

Dias antes de concluir este manuscrito, vi a história de capa da revista *Time*, de novembro de 2010, com o título "Quem precisa do casamento?" O artigo foi escrito em resposta ao noivado do príncipe William e de Kate Middleton. O relacionamento intermitente deles fez muitos perguntar se esse casal "moderno" chegaria a casar, e o casamento deles em 2011, com certeza, estimulou muitas conversas animadas.

Este livro desafia o adiamento desnecessário do casamento, mas receio termos uma batalha muito maior nas mãos. De acordo com o artigo da revista *Time*, 39% dos norte-americanos acreditam que o casamento está se tornando obsoleto. A pesquisa *Time*/Pew descobriu que 44% dos norte-americanos com menos de 30 anos acreditam que o casamento "caminha para a extinção".[12] Aparentemente, alguns acham que o adiamento do casamento é apenas uma etapa ao longo do caminho para extinguir completamente o casamento.

Diário de *Jovem e apaixonado*

Quais são os seus três principais motivos para adiar o casamento? Quais seriam as consequências dessa decisão?

Se você se casar cedo, planeja adiar a chegada dos filhos?

---

[12] Luscombe, Belinda. Who Needs Marriage? **Time**, 18 de novembro de 2010.

Se for esse o caso, por quê?

Enumere alguns exemplos de independência transformada em egoísmo.

Como a independência pode destruir o casamento?

Por que o casamento é normativo para o cristão?

Alerta de raposa: a atitude 'procure o número um'

O orgulho e o egoísmo destroem o casamento. Observamos isso na vida de todos, dos astros de cinema e das estrelas do rock aos nossos vizinhos. Se você já viu o seriado de televisão *Desperate Housewives* [Donas de casa desesperadas], sabe do que estou falando. O coro autocentrado da nossa cultura ultrapassa a preocupação natural com a saúde, o bem-estar e o futuro do indivíduo e se transforma em obsessão consigo mesmo. Com o foco egocêntrico centrado em mim e no meu umbigo, é impossível saber o que significa estar em um relacionamento amoroso com Deus — que dirá com os outros, como, por exemplo, o cônjuge. O resultado é mera satisfação vazia. Jesus disse que, se você tentar manter a sua vida para si mesmo, a perderá (Lucas 17.33). É só perdendo a sua vida e entregando-a a Deus que você encontra vida abundante.

Capítulo 5

Os adiamentos necessários

Leve-me com você! Vamos depressa!
Leve-me o rei para os seus aposentos.

— Cântico dos Cânticos 1.4

Três mil anos atrás, as pessoas chamavam os quartos de "aposentos". Quando o amor aumenta, conforme observamos em Cântico dos Cânticos, o desejo tende a apressar as coisas. Mas há uma diferença entre um casamento apressado e um casamento entre jovens. Um amigo meu de 23 anos compartilhou recentemente a notícia de seu noivado após dezoito meses de namoro. A primeira pessoa a responder ao seu anúncio do noivado perguntou-lhe: "Por que a pressa?".

Você está brincando comigo? Da noite em que conheci Amy até o dia do nosso casamento, transcorreram dezessete meses. Teríamos casado em um ano se não fosse a pressão para planejarmos um casamento tradicional. Catorze anos depois, Amy e eu concordamos que

82 ♥ Jovem e apaixonado

devíamos ter nos casado logo após a formatura, doze meses depois de nos conhecermos.

Descobrir a diferença entre os adiamentos necessários e os desnecessários ajuda você a não se apressar em direção a um casamento ruim e, ao mesmo tempo, remove os obstáculos para definir a data do casamento. As raposas na sua vida, às vezes, borram a linha entre os adiamentos necessários e os desnecessários. Mas encorajo você a *expulsar as raposas!*

Por que a pressa?

Se você não tiver cuidado, pode atirar-se no casamento com afobação. Os brotos do amor entre jovens exigem um período para amadurecer. Você precisa desse período para examinar o caráter da pessoa com quem comprometerá a sua vida inteira. No entanto, se você precisar de anos para fazer isso, então terei de dizer que você é um péssimo investigador. Recrute os amigos e a família para ajudar você a tomar uma decisão perspicaz e evitar adiamentos desnecessários.

Há algumas "precipitações" a ponderar antes de ir ao tribunal tirar uma certidão de casamento. Enquanto você examina essas precipitações, por favor tenha em mente que todos os casamentos exigem compromisso, fidelidade e responsabilidade. Nunca é uma boa ideia se apressar nesses quesitos em um esforço para encobrir o pecado, economizar algum dinheiro ou apenas ter relações sexuais.

A gravidez precipitada

Uma noite de sexo não faz um casamento. Embora o ideal seja criar os filhos em um lar com a presença do pai e da mãe, isso não é uma exigência. Se o pai ou a mãe do seu filho não é um seguidor de Jesus, não recomendo que você se case com ele ou ela. O casamento só funciona com caráter e compromisso. Não se apresse em casar porque você [ou ela] está grávida; antes, atravesse o processo de aconselhamento pastoral e consiga o apoio da sua igreja e família.

A precipitação militar

Tenho tido a oportunidade de ajudar soldados norte-americanos a se reintegrarem em sua família, igreja e comunidade depois de voltar da guerra. O casal, por causa do treinamento básico e da mobilização, pode casar-se com o objetivo de assegurar os benefícios para o cônjuge do soldado. Dinheiro e benefícios nunca são bons motivos para entrar apressadamente em algo tão sério quanto o casamento. Se a data de mobilização precoce significa abreviar o período de inspeção do caráter, você deve esperar.

A mudança precipitada

Amy e eu passamos todo o nosso noivado a mais de mil quilômetros de distância. Foi difícil e, com o tempo, pareceu totalmente desnecessário — mas no final foram apenas cinco meses. Um trabalho, às vezes, exige a mudança antes que possa haver a cerimônia de casamento. Sempre é melhor gastar algum dinheiro extra para viver separado durante um período e, mais tarde, casar-se bem.

A precipitação de sair de casa

Viver em um ambiente familiar ruim não é um bom motivo para apressar o casamento. Quando isso acontece, tanto o homem jovem quanto a mulher jovem correm o risco de sair de uma situação ruim para entrar em outra pior.

A cerimônia precipitada

O próprio dia do casamento pode forçar uma precipitação ou um adiamento. Alguns se precipitam no casamento porque sonham há anos

84 ♥ Jovem e apaixonado

com o grande dia. Estão mais apaixonados pela ideia da cerimônia do que pelo suposto cônjuge. A igreja está muito mais preocupada com o seu casamento.

A precipitação de poupar

Essa, com frequência, é a razão pela qual as pessoas se apressam em casar e uma das principais desculpas para a coabitação. Faz sentido combinar a renda dos dois e diminuir as despesas, em especial durante um período de economia difícil. Durante a recessão nos Estados Unidos, tive a oportunidade de falar com muitos casais que passaram a coabitar em uma tentativa de economizar algum dinheiro.

A precipitação de manter relações sexuais

O comediante Jeff Foxworthy diz: "Casar para ter relações sexuais é como comprar um [Boeing] 747 por causa do amendoim gratuito". A relação sexual é um motivo válido para você se casar? É sim. Deve ser a principal razão? Não, não deve. O sexo é sempre um motivo para apressar o casamento? Absolutamente não! Lembre-se, o plano de Deus é adiar a relação sexual, casar-se e, só depois, desfrutar o sexo. O mundo diz: "Vá em frente e faça sexo sempre que quiser e com quem quiser".

Acreditamos, como cristãos, que é no casamento que um homem e uma mulher desfrutam um do outro pela vida toda.

Cada botão de amor tem uma estação. Se o botão não desabrocha, ele, por fim, seca e cai no chão. Quando me encontro com casais que namoram há cinco anos ou mais, sempre fico chocado.

Meu primeiro pensamento é: *Como você conseguiu fazer isso?* Presumo imediatamente que eles estão envolvidos sexualmente ou que o rapaz se masturba com regularidade. Assim, qual é a extensão de tempo saudável para o adiamento?

Eu sabia que queria casar com Amy na noite em que a conheci. Namoramos durante um ano e ficamos noivos pouco mais de cinco meses. Uma vez que a decisão de casar é tomada, encorajo os casais a pensarem em termos de meses, não de anos. Você não precisa namorar por mais dois anos para ver se os dois são compatíveis ou para planejar uma cerimônia de casamento luxuosa. Os adiamentos longos são desnecessários. Mas alguns adiamentos são absolutamente indispensáveis e precisam ser considerados.

O adiamento do ensino médio

Não encorajo os casais a se casarem enquanto estão no ensino médio. Não sou um pregador cultural maluco que quer mudar-se para o meio de nada e casar todas as mulheres jovens da igreja. Mas já abençoei o casamento de alguns formandos do ensino médio que haviam completado 18 anos. Isso é raro, mas, de vez em quando, encontro um jovem que passou da infância para a idade adulta no início da adolescência e amadureceu muito rápido. Esse foi o caso de TJ e Shannon. Eles, como calouros da faculdade, perguntaram se eu estaria disposto a lhes dar aconselhamento pré-marital. Hesitei a princípio porque TJ ainda parecia um *calouro do ensino médio*.

Então, ouvi a história de TJ.

TJ perdeu o pai muito cedo e assumiu a responsabilidade por seus irmãos mais novos no começo da adolescência. Ele aceitou essa responsabilidade e trabalhou para sustentar a família. Na nossa primeira sessão, ele contou histórias extremamente dolorosas do sofrimento e das provações que suportou em sua jovem vida. Fiquei abismado com sua maturidade e com a maneira corajosa com que ele ajudou sua família. Fazia todo sentido ele ter se decidido pela College of the Ozarks, no Missouri. O lema da faculdade é "Trabalhe duro". Cada aluno da faculdade tinha matrícula de graça em troca de quinze horas semanais de trabalho no *campus* junto com a carga escolar e qualquer outro trabalho que pudesse encontrar para pagar as contas. TJ falou sobre seu trabalho com muito entusiasmo.

Quando TJ acabou de contar sua história, eu estava preparado para graduá-los e também para marcar a data do casamento deles. A sabedoria de TJ ia além de sua idade. Eu ainda não ouvira nada sobre seu amor por Shannon, mas pensei: *Esse rapaz será um marido fantástico! Ele é cheio de vida, ama Jesus e é adulto.* Depois da nossa reunião — e lembre-se de que essa é uma situação rara —, aplaudi entusiasticamente o amor dos jovens e disse àqueles recém-formandos do ensino médio para "escolherem a data".

O meu amigo Joe White conduz acampamentos de verão de esportes há quarenta anos. Joe fala regularmente aos adolescentes em um evento que intitula de "Puro entusiasmo". Com frequência, ele lembra aos jovens a estatística de que apenas 2% dos alunos de ensino médio se casam com alguém que namoraram no ensino médio. É um bom lembrete para aqueles que acham que encontraram "a pessoa certa".

Digamos, porém, que você faça parte desses 2% — o que você faria? Antes de mais nada, você não é um lunático. É uma pessoa rara, mas não lunática. Se você sentir que encontrou o rapaz ou a moça com quem quer casar e ainda estiver cursando o ensino médio, então você precisa seguir adiante com muita tenacidade. Primeiro, certifique-se de que você amadureceu e deixou a adolescência para trás. Comece mostrando à sua família e aos seus amigos que você é capaz de assumir mais responsabilidade.

Segundo, respeite os seus pais e o discernimento deles. Os seus pais têm a palavra final até você se tornar legalmente adulto. Se tomar uma decisão e reclamar a respeito da não concordância deles, você ainda é um adolescente e não está de forma alguma preparado para casar.

Terceiro, se quiser casar depois de terminar o ensino médio, eu o encorajaria a conseguir um emprego. Comece a economizar agora enquanto você está na casa dos seus pais, e as despesas são poucas. Consigo algum trabalho para adquirir experiência, treinamento e responsabilidade.

O adiamento do seguidor de Cristo

Casar-se com alguém que não é seguidor de Jesus é mais que um adiamento; é um "não". Esse adiamento não somente é necessário, mas também uma ordem bíblica. O principal cuidado aqui é que o rapaz ou a moça pode encenar uma experiência de Jesus só para assegurar o casamento. A fé em Jesus é um começo, mas o fruto da decisão pessoal precisa estar na árvore.

A Bíblia nos proíbe de entrar voluntariamente no casamento sabendo que o cônjuge não professa Jesus Cristo como Senhor e Salvador. Em 2Coríntios, Paulo diz: "Não se ponham em jugo desigual com descrentes. Pois o que têm em comum a justiça e a maldade? Ou que comunhão pode ter a luz com as trevas? Que harmonia entre Cristo e Belial? Que há de comum entre o crente e o descrente?" (2Coríntios 6.14,15).

A referência ao jugo vem de Deuteronômio 22.10. O jugo é uma ferramenta de fazenda colocada sobre o pescoço dos animais e presa a um implemento usado para arar o campo. Em Deuteronômio, os filhos de Israel receberam ordem de não pôr um boi e um jumento sob o mesmo jugo. O boi era um animal puro, mas o jumento não era. Esses animais também possuíam graus de força totalmente distintos e puxavam em ritmos diferentes. Isso formava uma dupla impura e desajeitada. A mesma coisa acontece quando um marido e uma esposa encaram a vida através de percepções opostas. Esse descompasso afeta tudo: a educação dos filhos, o pagamento das contas, a administração do dinheiro, o comparecimento à igreja e o cuidado com os pais idosos.

Há um termo da escola antiga cunhado no século XX intitulado "namoro missionário". Um cristão se apaixonaria por um não cristão e compartilharia Jesus com ele ou ela até o(a) parceiro(a) se converter. Tive muitos amigos não cristãos que começaram a seguir Cristo porque se apaixonaram por uma jovem do nosso grupo de jovens. Eles foram a um retiro de fim de semana ou a um acampamento de verão apenas para aproveitar a viagem de seis horas com a jovem. Não havia muito discipulado acontecendo ali!

Garotas, estejam avisadas, na Woodland Hills Family Church, ministramos semanalmente a incontáveis esposas que vão sozinhas à igreja. Elas se casaram com homens de pouca ou nenhuma fé. Muitos desses casais não estavam "igualmente emparelhados" no jugo desde o começo do casamento. Agora, elas vão sozinhas à igreja, frustradas e desejando mais. Elas precisam ser encorajadas com 1Pedro 3.1-6 para não ficarem saturadas com essa situação. Elas podem orar por seu marido; Cristo pode atuar no coração desses homens; e algumas podem encontrar esperança em um casamento emparelhado desigualmente. Mas, neste momento, não estou falando a essas mulheres. É uma bênção conversar com você antes que cometa esse erro. Não se case com um não cristão ou com alguém que professe Cristo, mas não mostre nenhum fruto. Case-se com aquele (ou aquela) jovem que entende que precisa negar a si mesmo(a) todos os dias, pegar sua cruz e seguir Cristo.

O caráter é o primeiro dos quatro ingredientes que cobriremos nos capítulos seguintes. A fé segura e madura é a fundação para o caráter. Se você está apaixonada e ele é um não cristão, seja forte e termine o namoro imediatamente. Se você está atraído e pensa em se casar com uma jovem que não conhece Jesus, seja homem e, com espírito semelhante ao de Cristo, termine o relacionamento.

Alerta de raposa: o cristão recém-convertido

Você está namorando e pensando em casar com alguém que é um cristão recém-convertido? Essa pessoa precisa experimentar um período de discipulado e teste. O mesmo é verdadeiro na liderança da igreja; Paulo encorajou o jovem Timóteo a "não se precipitar" (cf. 1 Timóteo 5.22) em sua decisão de instituir novos presbíteros ou a se certificar de que eles não eram "recém-convertidos" (cf. 1 Timóteo 3.6).

Sempre fico aturdido com homens e mulheres que se convertem a uma religião a fim de se casar ou, em algumas circunstâncias, apenas para realizar a cerimônia de casamento em determinada igreja, templo ou sinagoga. Péssima ideia! Tenha cuidado com um jovem ou uma jovem que se "converte" ao cristianismo apenas para agradar a você e aos seus pais.

O adiamento dos pais

Acima de tudo, respeite os seus pais envolvendo-os na sua decisão de se casar. Desonrar os pais nessa decisão, em última instância, equivale a desonrar o Senhor. Salomão não usou a coroa real em seu casamento, embora fosse rei. Em vez disso, usou a coroa que sua mãe lhe deu como sinal de bênção.

> Mulheres de Sião, saiam!
> Venham ver o rei Salomão!
> Ele está usando a coroa,
> a coroa que sua mãe lhe colocou
> no dia do seu casamento,
> no dia em que o seu coração se alegrou
> (Cântico dos Cânticos 3.11).

Quando você se torna legalmente adulto, passa a ter o direito de casar com quem quiser sem precisar da permissão dos seus pais. Mas a coroa da bênção paterna e materna honra sua decisão e, em troca, abençoa vocês. Portanto, escolha a coroa da bênção!

Em toda a história da humanidade, pedir a bênção do pai de Amy foi o "pedido" mais fácil de todos os tempos. Acordei na sala de visita da casa deles em uma manhã de junho de 1996. Enquanto me vestia, eu tentava preparar-me psicologicamente para incluir esse tema na primeira conversa durante o café da manhã. Todos sabiam que o assunto viria à tona, portanto eu não queria que a situação ficasse esquisita durante a refeição.

Desci a escada para pedir ao sr. Freitag a mão de sua filha. O que aconteceu em seguida me pegou totalmente desprevenido.

— Bom dia, sr. Freitag. Como o senhor está? — perguntei.

— Bem, Ted. Odeio o meu trabalho, mas acho que a maioria das pessoas também odeia o trabalho que faz — respondeu ele abruptamente.

Como você responderia a isso? Aparentemente, ele tinha enfrentado problemas no trabalho no dia anterior e não estava ansioso para voltar lá. Decidi esperar até depois do café da manhã.

Estávamos ali juntos na cozinha após o café da manhã quando soltei a pergunta.

— Sr. Freitag, gostaria de pedir sua filha em casamento e... — comecei, mas interrompi na mesma hora.

— Aposto que sim, Ted! — disse ele com seu sotaque norueguês.

E isso foi tudo. Estávamos conversados.

Eu estava preparado para dizer:

— Sr. Freitag, gostaria de pedir sua filha em casamento e gostaria de saber se o senhor teria alguns minutos para conversar...

Passei a manhã toda *treinando* essa fala. Mas ela não foi necessária.

É provável que os seus pais sejam a influência mais importante na sua decisão de adiar o casamento. Todos os pais têm objetivos, expressos ou não, que querem que seus filhos alcancem antes de se casarem. O medo dos seus pais de que você se case jovem pode estar diretamente ligado a quão bem eles se saíram em ensinar você a ter responsabilidade e a equilibrá-la com o privilégio. A maioria dos pais que conheço hoje vê a faculdade ou a escola técnica como a última chance de tentar garantir o sucesso dos filhos. A fim de mantê-los no compasso com esses marcos, eles podem puxar os fios como: "Não pagarei a faculdade" ou "Não pagarei o casamento".

Esses marcos não são as únicas razões para os pais defenderem o adiamento e negarem-se a abençoar o casamento. Eis alguns motivos para os seus pais encorajarem você a esperar:

Medo de fracasso: talvez seus pais acreditem que não tenham preparado você bem. Não querem que o fracasso deles seja traduzido no fracasso do seu futuro casamento e em um possível divórcio.

Discernimento de determinadas qualidades na sua escolha: não ignore a possibilidade de que você tenha feito uma escolha ruim no que diz respeito ao cônjuge. Os pais, em geral, têm um excelente radar, portanto confie neles.

Eles não querem que você perca alguma coisa: se os seus pais se casaram cedo, eles o podem encorajar a esperar por causa do que sentem que perderam. Eles podem até mesmo dizer: "Você tem o resto da vida para ficar casado; aproveite agora para se divertir".

Você já se apaixonou antes e teve um rompimento ruim, e eles não querem que você sofra de novo: eles podem interpretar o seu amor como um tipo de afeição adolescente que você experimentou no ensino médio.

Tabus culturais: talvez eles queiram que você siga a corrente e se lance à competição com os vizinhos. Eles puseram o casamento no fim do espectro dos marcos da vida adulta. Na mente deles, sucesso significa você entrar em uma boa faculdade, encontrar um bom emprego e, *só depois*, casar-se. Essa é uma ordem socialmente aceitável.

Egoísmo: eles querem mantr você em casa para satisfazer os desejos ou as necessidades pessoais deles. Os pais solteiros podem cair nessa armadilha.

Eles não estão emocionalmente preparados: eles podem temer os anos de ninho vazio e não se sentir preparados para isso.

Eles não estão financeiramente preparados: talvez eles não estejam preparados para pagar pelo casamento. Você pode facilitar isso ajustando suas expectativas quanto ao envolvimento deles.

Em última análise, você quer a coroa da bênção dos seus pais porque ela reconhece e honra o papel deles na sua vida. Eles criaram, alimentaram, educaram e vestiram você, e você deve honrar o árduo trabalho deles. Embora eles precisem reconhecer o seu rito de passagem para a idade adulta, você precisa louvá-los por todo o investimento que fizeram em você. Você está saindo de casa como um adulto e começando sua própria família. Não é mais uma criança e quer sair de casa de uma maneira que diga: "Obrigado, mamãe e papai". Nunca use o argumento: "Sou adulto — farei o que quiser". Essas palavras só saem da boca de um adolescente.

Nem sempre é possível conseguir a coroa. Se você não conseguir a bênção deles, ainda assim precisa respeitar os seus pais e estimá-los, e os sentimentos deles são muitíssimo valiosos. Você pode respeitá-los sem concordar com eles. Sua habilidade em fazer isso o ajudará como cônjuge. Você passará boa parte de sua vida de casado respeitando seu cônjuge mesmo quando não concorda com ele. Essa é a receita para o sucesso em todas as áreas da vida.

O respeito pela autoridade começa em casa

Não importa o tipo de pais que criaram você, independentemente de serem dominadores, permissivos ou negligentes (ou amorosos e divertidos!), a sua capacidade de lidar com a autoridade em grande parte é determinada por como você processou a autoridade dos seus pais. Sei que alguns jovens acham que os pais passam a noite sentados imaginando esquemas malignos para o dia seguinte, apenas para impedir que os filhos sejam felizes. No entanto, os seus pais são autoridade na sua vida, não arqui-inimigos.

A maneira de nos relacionarmos com os nossos pais afeta todos os outros relacionamentos da nossa vida. Quando somos jovens, aprendemos a obedecer aos nossos pais. Isso dura apenas um curto período de tempo — até os 18 ou os 21 anos. Depois disso, porém, passamos a vida respeitando-os e abençoando-os. Ao obedecer aos nossos pais quando somos jovens, aprendemos habilidades importantes para a vida. Mas nenhum de nós fica para sempre com os pais. Eles fazem parte do treinamento que Deus pôs na nossa vida a fim de ajudar a nos tornarmos adultos bem formados e bem ajustados.

Efésios 6.1-3 declara: "Filhos, obedeçam a seus pais no Senhor, pois isso é justo. 'Honra teu pai e tua mãe' — este é o primeiro mandamento com promessa — 'para que tudo te corra bem e tenhas longa vida sobre a terra' ". "Obedeçam a seus pais no Senhor", em essência, significa que você deve obedecer aos seus pais como se estivesse obedecendo ao Senhor. Mesmo que os seus pais não sejam cristãos, você deve respeitá-los e obedecer-lhes, a menos que eles ordenem que você peque de alguma maneira.

Quando você é jovem e vive na casa dos seus pais, é ordenado a obedecer a eles. A transição da infância para a idade adulta altera a forma de nos relacionarmos com os nossos pais. Como adultos, não mais lhes obedecemos. Não mais os chamamos para descobrir qual deve ser o nosso próximo movimento na vida. Não lhes pedimos mais permissão para tirar férias ou fazer uma viagem. Mas os respeitamos. Novamente, *respeitar* significa estimar como muitíssimo valioso. Envolver os seus pais na decisão de se casar não é uma questão de obediência, mas de respeito.

De acordo com as Escrituras, o relacionamento com os seus pais muda quando você sai de casa (Gênesis 2.24). Você, assim espero, sairá de casa antes que muitos dos jovens da nossa cultura que agora esperam até o meio ou fim da casa dos 20 anos para fazê-lo. Quando isso acontece, há uma mudança no relacionamento. Você se desliga do elo que tinha com os seus pais na infância, mas a exigência de respeitá-los permanece.

Deus leva a honra tão a sério que diz algumas palavras fortes para o(a) jovem que desrespeita os pais:

> O filho que rouba o pai e expulsa a mãe
> é causador de vergonha e desonra
> (Provérbios 19.26).

> Os olhos de quem zomba do pai,
> e, zombando, nega obediência à mãe,
> serão arrancados pelos corvos do vale,
> e serão devorados
> pelos filhotes do abutre
> (Provérbios 30.17).

Honramos e respeitamos os nossos pais quando lhes agradecemos por nos terem ensinado a diferença entre o certo e o errado. Ajude os seus pais a saírem de uma situação difícil, se você ainda tiver alguma situação a acertar com eles. Os seus pais se preocupam com você, passam tempo com você e gastaram aquilo que ganharam com o trabalho árduo para o criar.

Em alguns casos, os seus pais ensinaram a você a Palavra de Deus e oraram em seu favor.

Assim, quando você estiver com eles, não se concentre nas imperfeições e no que fizeram de errado. Valorize os ensinamentos e tudo o que eles fizeram da melhor maneira possível, porque acreditavam que isso era certo.

Nada mostra mais agradecimento pelos pais que o(a) jovem que reconhece o que lhe ensinaram quando era criança.

Ouça, meu filho, a instrução de seu pai
e não despreze o ensino de sua mãe.
Eles serão um enfeite para a sua cabeça,
um adorno para o seu pescoço
(Provérbios 1.8,9).

Mostre a seus pais que está preparado para se casar

Quando o seu relacionamento caminha para o casamento, provavelmente isso não será uma surpresa para seus pais. Mesmo que eles amem e respeitem a pessoa com quem você pretende casar, você ainda precisa conseguir a coroa passando pelo pedido oficial ao pai da noiva. Isso é da escola antiga, eu sei.

As questões seguintes ajudam você a pedir a bênção dos pais. Responda a essas 20 perguntas *antes* de fazer a abordagem. Use-as como ajuda para escrever uma carta, preparar uma fala ou elaborar um diálogo.

Defina amor.

Como você a amará tanto quanto o pai a ama?

Como você resolverá os conflitos?

Onde você servirá na igreja?

O que os seus pais ensinaram a você sobre o casamento?

O que os seus pais ensinaram a você sobre como tratar uma jovem?

Como você honra e respeita a sua família? Dê alguns exemplos práticos.

Quem é o líder mais influente na sua vida e por quê?

Você se expõe regularmente a material sexualmente explícito?

Que atitudes você adotou para se manter puro?

Você é dependente de sexo ou está lutando com a pornografia?

Quando você se tornou um seguidor de Jesus?

O que o impediria de seguir Cristo?

Quais são os seus passatempos ou esportes favoritos?

O que você está sacrificando por esse casamento?

Como vocês se conheceram?

Qual foi sua primeira impressão da jovem com quem você pretende casar?

Como você soube que ela era a pessoa da sua vida?

Você se considera um bom ouvinte?

Como você ganhará a vida nos próximos cinco anos?

Garotas, essa lista e abordagem vêm com uma advertência. Se o seu namorado ou noivo tiver uma reação estranha ao responder a essas perguntas ou ao abordar o seu pai, ele não está preparado para casar. Não estou dizendo "Não case com ele", mas sim "Não case com ele neste momento".

Ele precisa trabalhar mais em seu caráter e em sua capacidade para se submeter à autoridade.

Diário de *Jovem e apaixonado*

Quais são algumas maneiras práticas para honrar os seus pais?

Como você observa seu namorado(a) ou noivo(a) honrar os pais dele(a)?

Que desafios você enfrentará ao pedir a bênção dos seus pais?

Como você planeja enfrentar esses desafios?

Se os seus pais não aprovarem o casamento, você os respeitará?

Como você ainda pode honrar e respeitar os seus pais mesmo quando eles dizem não?

Se vocês se conheceram no ensino médio, o que fizeram para se preparar para o casamento em uma idade tão nova?

Compartilhe brevemente a sua experiência de salvação.

Alerta de raposa: pais solteiros

Pais solteiros esgotados, às vezes, são uma séria ameaça para o amor entre jovens. Esses pais cometem dois erros. Primeiro, presumem que o casamento dos filhos seguirá o mesmo caminho de seu próprio casamento. Segundo, podem ser egoístas e não querer abrir mão do tempo que passam com os filhos. Uma mãe ou pai que tenha raiva, amargura ou ressentimento não resolvido em relação ao ex-cônjuge pode gravar crenças negativas e, com frequência, falsas sobre o casamento no coração dos filhos. Não permita que um pai ou mãe amargurado impeçam você de se casar jovem ou interfiram no seu casamento.

No entanto, há diversos benefícios e bênçãos quando você inclui os seus pais no processo de tomada de decisão de se casar.

Primeiro, isso mostra que você gosta deles, e isso agrada a Deus, que favorece os filhos adultos que apreciam os pais e cuidam deles. Em 1Timóteo 5, Paulo diz que retribuir aos nossos pais "agrada a Deus" (1Timóteo 5.4). Deus é honrado quando honramos os nossos pais.

Segundo, isso fornece ao seu futuro marido ou esposa um bom e bem-vindo começo na sua família. Estou presumindo que você planeja visitar a família nas férias e em eventos especiais. A aprovação dos pais deixa o jantar de Natal mais leve e mais relaxante.

Terceiro, os pais podem representar outra voz de discernimento. O estrogênio e a testosterona sozinhos são ruins no quesito tomada de decisão. A mãe e/ou o pai são mais duas vozes no processo de filtragem.

Capítulo 6

Os adiamentos desnecessários

> Os casamentos felizes começam quando casamos
> com quem amamos, e florescem quando amamos
> com quem nos casamos.
>
> — Tom Mullen

Casamentos frequentes fazem parte de uma igreja saudável. Não ter casamentos significa ensinamento ruim ou nenhuma pessoa nova chegando à igreja. Como pastor, sou responsável por ensinar a sã doutrina, e o crescimento é a parte que diz respeito a Deus e um resultado direto da sã doutrina (Atos 2.47). Embora a maioria dos meus ensinamentos ocorra aos domingos de manhã no púlpito, também ensino bastante quando estou com casais jovens. Na maior parte do tempo, fico na defensiva.

Na maioria das sessões, parece que estou lendo uma página da internet de "perguntas mais frequentes". Os casais jovens fazem uma pergunta clichê e dou uma resposta bíblica. Em geral, começo cada sessão de aconselhamento pré-marital com um pouco de humor, dizendo:

"O meu trabalho é ver se consigo impedi-los de casar". Isso, em geral, quebra o gelo. Eles, às vezes, interpretam a minha brincadeira como significando que sou apenas mais um que quer reprimir o amor deles.

Como pastor, levo a minha brincadeira muito a sério porque as Escrituras deixam claro que sou duplamente responsável pelos conselhos que dou (Hebreus 13.17). Boa parte do aconselhamento pré-marital consiste simplesmente em eliminar os obstáculos para o adiamento desnecessário.

A planilha de adiamento

Em uma recente conferência sobre o casamento que conduzi em Oklahoma City, conheci um rapaz contundente — todo vestido de vermelho. Ele podia ser o mascote da Universidade de Oklahoma. Não é brincadeira: ele tinha o logotipo da instituição em cada peça de roupa que usava, até no chaveiro. Ao lado dele havia uma jovem estonteante com um sorriso que dizia: *Somos felizes e casados*. Mas não estavam. Eles estavam felizes, mas ainda não eram casados.

Fiz a pergunta clichê:

— Há quanto tempo vocês estão namorando?

— Há seis anos — replicou ela.

— Seis anos! — arfei enquanto voltava a atenção para o mascote. — Cara, qual é o problema?

— Eu sei, eu sei, você tocou exatamente no ponto crítico na última conversa, até mesmo na nossa idade — disse ele. — Tenho 28 anos, e ela, 26.

— Vá em frente, amor. Diga a ele por que não estamos casados — a jovem insistiu.

Bem, tenho de admitir que eles formavam um belo casal que realmente parecia gostar muito um do outro.

— Bem, sou... — começou ele, mas ela terminou.

— Ele é contador e tem diversos objetivos financeiros que gostaria de alcançar antes de nos casarmos.

— Por favor, não me diga que você tem uma planilha para esse casamento e o seu matrimônio — adivinhei.

Ele sorriu.

— Você está mesmo esperando até que a planilha consinta com o casamento? — perguntei-lhe. Então, comecei a questioná-la. — Você é uma santa. Por que está esperando que esse contador equilibre a planilha?

O professor Mark Regnerus abordou essa questão: "O casamento entre jovens pode significar pobreza, pelo menos temporariamente. [...] Os bons casamentos crescem por intermédio das lutas, incluindo as lutas econômicas".[1]

Deixe-me interpretar isso para você. Pense em uma caixa de ovos e um colchão no chão, nada de luxo nem de colchão ortopédico. Pense em jantar na maioria das noites *miojo* ou espaguete, nada de um bom restaurante. Nada de café Melitta de manhã nem de Fran's Café no caminho para o trabalho.

Incontáveis jovens casais telefonam para o escritório da igreja todos os anos pedindo aconselhamento conjugal. Ryan Pannell é terapeuta licenciado de casais e de família, além de ser ministro ordenado da nossa igreja. Ele não recebe salário da igreja, por isso cobramos uma pequena taxa dos casais que se encontram com ele. Faço o que posso para manter a agenda dele cheia porque ele é muito bom no que faz, mas também porque isso me deixa livre para me devotar "à leitura pública da Escritura, à exortação e ao ensino" (1Timóteo 4.13).

---

[1] REGNERUS, Mark. The Case for Early Marriage. **Christianity Today**, 31 de julho de 2009, disponível em: <www.christianitytoday.com/ct/2009/august/16.22.html>. Acesso em: 10 mar. 2013.

Denise Bevins, minha assistente, mantém a agenda de todos os meus compromissos. Ela envia regularmente pessoas a Ryan, e elas são abençoadas ao máximo por passar tempo com ele. Mas ela, às vezes, encontra resistência por parte dos casais: "Não podemos arcar com essa despesa; precisamos falar com Ted". Se o casal menciona isso nessa filtragem da Denise, encontro-me diretamente com eles.

Quando eles chegam com seus *cappuccinos* da Starbucks e os deixam sobre a mesa à minha frente, os meus olhos se fixam nos copos claros de plástico com um fiozinho de chocolate sobre uma montanha de *chantilly*. Isso me enfurece. A taxa de Ryan é o preço de seis dessas bebidas ou por volta disso. Dá para imaginar por que os casais ficam surpresos quando parte da filtragem de Denise para o aconselhamento inclui a pergunta final: "Qual foi a última vez que vocês compraram uma bebida na Starbucks?". O casamento é muito mais acessível do que você pensa. Dê-me alguns minutos de seu orçamento semanal, e eu lhe mostro.

Os direitos individuais modernos fazem-nos querer agora coisas que os nossos pais levariam trinta anos para acumular. Não é necessário adiar o casamento só para manter um padrão de vida absurdo, e você pode evitar o adiamento da planilha ao ajustar o seu estilo de vida, tendo expectativas realistas e trabalhando com afinco. Se você não consegue isso trabalhando quarenta horas por semana, então comece a pensar sobre horas extras ou considere arranjar um segundo emprego.

Alerta de raposa: o dinheiro

O amor pelo dinheiro pode destruir um casamento. Os jovens casais tendem a tornar escravos da dívida e terminam amando o dinheiro e odiando um ao outro. Evite pegar dinheiro emprestado sempre que possível: "O rico domina sobre o pobre; quem toma emprestado é escravo de quem empresta" (Provérbios 22.7). Certifique-se de que o uso do crédito não substitua a sua confiança no tempo de Deus. "Descanse no Senhor e aguarde por ele com paciência; não se aborreça com o sucesso dos outros, nem com aqueles que maquinam o mal" (Salmos 37.7). Evite usar o crédito para comprar coisas que você quer, não aquelas que você precisa, e se alegre com isso: "De fato, a piedade com contentamento é grande fonte de lucro, pois nada trouxemos para este mundo e dele nada podemos levar; por isso, tendo o que comer e com que vestir-nos, estejamos com isso satisfeitos" (1 Timóteo 6.6-8). Pague as suas dívidas no prazo, pois "os ímpios tomam emprestado e não devolvem, mas os justos dão com generosidade" (Salmos 37.21).

O adiamento da instrução

Esse é o adiamento mais comum.

Casei-me com Amy em 1996, entre seu primeiro e último ano na Universidade Liberty. Pensamos em adiar o casamento por um ano para ela terminar o último ano no *campus*, mas era tempo demais para esperarmos. Em vez disso, tivemos a bênção do programa de aprendizado estendido da Liberty, e Amy conseguiu terminar seu curso a distância.

Há diversos motivos para não se adiar o casamento por causa da instrução. Primeiro, a faculdade não é para todos, mas se tornou um marco de sucesso atualmente. Os pais a tratam como o último esforço para assegurar o futuro dos filhos. Presume-se hoje que todo formando do ensino médio irá para a faculdade. Mas o fato é que alguns jovens ficam um ano ou dois na faculdade e decidem que o ensino superior não é para eles. E não há problema nisso. Homens e mulheres podem escolher ocupações que não exigem fazer faculdade.

Segundo, e sei que esse é um pensamento maluco, mas que tal priorizar o seu casamento e adiar a faculdade? Que tal? Talvez você esteja pensando: *Herege! Esse cara é um falso mestre.* Mas permanece o fato de que adultos maduros na casa dos 20 anos podem casar enquanto frequentam a faculdade. Tenho um amigo de uma família querida que acabou a faculdade recentemente na casa dos 30 anos. Ele é muito bem-sucedido e tem uma família fantástica. Conheço outros que se casaram enquanto estavam na faculdade e concluíram os estudos enquanto eram jovens e trabalhavam para se sustentar. Isso pode ser feito.

Terceiro, esse adiamento pode significar perda de renda porque, como eu disse, alguns pais param de pagar a instrução se você se casa antes da formatura. Amy e eu consideramos isso um desafio. Senti-me um cavalheiro por dizer aos pais de Amy que estava entusiasmado em pagar o último ano dela na faculdade.

O adiamento do emprego

É provável que esse seja o segundo adiamento mais comum e, com frequência, faz sentido para a maioria dos jovens. Afinal, eles não instituíram o sonho americano, mas muitos deles, por algum motivo, sentem que têm de se amoldar a ele. Mas as coisas não precisam funcionar desse jeito.

> Cinquenta anos atrás [...] a mulher não precisava [...] "viver por conta própria" para se conhecer. Hoje, uma jovem precisa concluir a faculdade, talvez conseguir uma pós-graduação e tentar alguns empregos. [...] Uma vez que ela está estabelecida por mérito próprio — sua própria autoestima —, está pronta para encontrar um marido; talvez a essa altura ela esteja na casa dos 30 anos. Ela adiou o casamento? Dificilmente. Ela só estava correndo tanto quanto conseguia a fim de transpor as barreiras da sociedade.[2]

---

[2] Bronson, Po; Merryman, Ashley. Has Being Married Gone Out of Style? **Time**, quarta-feira 18 de outubro de 2006, disponível em <www.time.com/time/nation/article/0,8599,1547431,00.html>. Acesso em: 10 mar. 2013.

No início do casamento, as coisas são extremamente apertadas. É difícil, e você tem de perseguir a realização no seu lar. Os direitos individuais dizem: "Eu mereço". Esses direitos individuais estabelecem expectativas irrealistas de renda e estilo de vida; isso cria uma atitude em relação à autoridade porque você sempre sente que merece mais do que tem. Não ignore o denominador comum aqui: *você*.

Talvez você pense em adiar o casamento até conseguir o emprego perfeito ou escalar as posições no seu emprego atual. Digo que isso não importa — trabalhe em um emprego que não seja perfeito, mas que pague as contas. Tive mais de um emprego que eu desprezava no começo do nosso casamento, mas o tempo todo me sentia estimulado a cuidar de Amy. Além disso, ser um jovem casado também era ótimo porque eu amava ir para casa e contar a Amy que a empresa para a qual eu trabalhava me dera uma promoção ou um generoso bônus de Natal. Sempre gostei de dar a Amy o dinheiro "extra" que entrava.

Alerta de raposa: o sonho americano

A maioria dos pais quer que os filhos se formem na faculdade e consigam um bom emprego. O sonho americano diz que você pode ser quem quiser e fazer o que quiser. Esse é um mau conselho para o seguidor de Cristo! Em vez disso, comece perguntando: "O Senhor me modelou para ser o quê?". Você é a obra-prima dele, e ele tem planos para a sua vida (cf. Efésios 2.10). A faculdade pode fazer parte ou não desse plano. Um emprego com um salário enorme pode fazer parte ou não desse plano. Casar-se jovem talvez faça.

O adiamento da cerimônia

Se o dinheiro está apertado, é absolutamente ridículo adiar o casamento por causa de uma cerimônia luxuosa. É desnecessário adiar o casamento até você poder custear uma cerimônia com todos os adornos. Menos é mais. Enquanto eu escrevia este livro, Chelsea Clinton se casou em Rhinebeck, Nova York. O casamento da filha do ex-presidente Bill Clinton e da secretária de Estado Hillary Clinton foi manchete em todos os telejornais. Estima-se que o custo do casamento tenha ficado entre 2 e 3 milhões de dólares. São 6 mil dólares por pessoa. Maravilha. Mas isso me fez pensar. A média dos casamentos nos Estados Unidos custa 20 mil dólares. E se eu lhe disser que ao custo total de 6 mil dólares você pode ter um casamento de conto de fadas? Você não acredita?

Já celebrei casamentos variando no custo de algumas centenas de dólares a números de seis dígitos. Realizei cerimônias sob grandes tendas, em jardins, penhascos, castelos, capelas e igrejas. Estive diante de reuniões íntimas com 20 convidados e eventos enormes para 500 pessoas. Mas o casamento sobre o qual a minha esposa e eu continuamos a falar aconteceu no nosso hotel favorito no sudoeste de Missouri. Johnny Morris, o fundador do Bass Pro Shops, construiu o Big Cedar. Bem, antes de você dar o palpite que o nosso casamento favorito incluiu um bando de trabalhadores rurais em uma marina com uma série de faíscas de tiros, precisa saber que o Big Cedar é um hotel e *spa* luxuoso em um cenário de floresta. É o casamento que sonhamos para a nossa filha. Mas é claro que ela teve a última palavra.

A cerimônia do casamento aconteceu ao pôr do sol. A noiva e o noivo vieram de extremos opostos do país e viajaram só com a família imediata. O Big Cedar fica no lago Table Rock, com várias dezenas de cabines e choupanas alinhadas na praia. Esse casamento particular aconteceu em um ponto com vista da água de 180º. Foi deslumbrante.

Amy e eu entramos numa cabine singular e fomos saudados por 20 a 30 pessoas sorridentes e passamos um tempo gostoso e agradável com os amigos. Interagimos com os convidados durante uns trinta minutos antes de eu acompanhar a noiva e o noivo até o terraço logo antes do pôr do sol. Fiquei de pé com as costas contra a sacada. A noiva e o noivo olharam um para o outro, de mãos dadas, e o padrinho e a dama de honra estavam ao lado deles. E, através das portas duplas, estavam a família dos dois e a minha preciosa noiva Amy. O pôr de sol pintava o nosso pano de fundo. Eles trocaram votos e alianças e entraram para tirar algumas fotos, partir o bolo e tomar ponche. Foi relaxante, pitoresco, cheio de lágrimas e mais que memorável. O custo?

Fim de semana para a família no Big Cedar	1.700
Vestido de noiva	500
Lembrança do casamento	não tem preço

Pense em casamentos mais baratos. Amo fazer parte de casamentos com algum destino, casamentos na praia, no quintal da família, depois do culto da manhã de domingo, casuais, com tema e, ouso dizer, *de fuga com a pessoa amada*. É isso mesmo, a fuga com a pessoa amada é perfeitamente legal, mas certifique-se de que a fuga honre os seus pais. Sarah Palin e o marido, Todd, conheceram-se no ensino médio e se casaram logo depois, em 1988, e eles fugiram para evitar o alto custo de um casamento. Após um ano difícil de pesca, o dinheiro deles estava apertado. O casamento custou 35 dólares.[3]

Há algumas diretrizes simples a considerar enquanto você planeja o seu casamento e evita adiamentos desnecessários. Não permita que os seus pais usem a casa deles como garantia de crédito para pagar pela cerimônia do casamento. Dave Ramsey chamaria isso de "estupidez"! Você pode ajudar os seus pais a pagar o casamento. E adivinhe: você pode oferecer-se para pagar a coisa toda! Os pais

---

[3] LEE, Jeannette J. Todd Palin Unique Among Nation's Five First Spouses. **Anchorage Daily News**, 27 de maio de 2007, <adn.com>.

da noiva não têm de pagar pelo casamento dos seus sonhos. Encare o fato: algumas tradições precisam acabar para apressar o seu casamento. Quando abordar os seus pais, apresente um plano baseado na filosofia de "menos é mais". Considere alternativas melhores a casamentos grandes e caros. Tenha uma lua de mel curta e perto de casa. Economize o seu dinheiro e direcione-o para as despesas do primeiro ano de vida. Direcione o dinheiro extra para empréstimos estudantis. Fique com mais dinheiro para poupar e doar.

Amy e eu estamos chegando aos 15 anos de casamento. A nossa cerimônia de casamento foi legal, mas bem barata. Ela ainda se arrepende da escolha de fotógrafos e bolo de casamento. O descontentamento com o nosso casamento aumentou depois de assistirmos a programas como *Ace of Cakes* [Ás dos bolos], *Cake Boss* [Chefe do bolo] e *Food Network Challenge* [Desafio da rede de alimentos]. Agora que temos um pouco mais de dinheiro, planejo festas bonitas de aniversário e renovação de votos no futuro. Vamos fazer a cerimônia que podemos pagar, agora que estamos casados há mais tempo, e ainda conseguir economizar para doar generosamente à nossa igreja e a missões. O que você não puder pagar no seu casamento agora, espere até mais tarde quando terá mais dinheiro.

Alerta de raposa: Os planejadores de casamento

Não deixe que o planejamento de um casamento espetacular atrase o florescer do seu amor. E não permita que ninguém imponha um casamento dos sonhos a você, mesmo que esse alguém seja a sua mãe.

O adiamento da coabitação

É desnecessário e antibíblico o casal morar junto antes do casamento. Os pesquisadores dizem que hoje 60% dos jovens coabitam antes de casar.

O motivo mais comum é "fazer um *test-drive*", atitude originada da preocupação de terminar com um casamento semelhante ao dos pais.

A coabitação, em essência, é quando os casais recorrem a um "teste de casamento" a fim de avaliar o compromisso sem o ônus da permanência. Isso deixa aberta uma "porta dos fundos" enquanto eles tentam desfrutar os benefícios de despesas compartilhadas, relações sexuais convenientes, companhia e liberdade.

Em 1960, só nos Estados Unidos havia 439.000 casais coabitando. Em 2006, esse número saltou para 5.368.000. Mike e Harriett McManus informam que milhões dos casais que moram juntos nunca se casam. "Os casais que decidem viver juntos, ao contrário do que possam pensar, não estão adiando a tomada de decisão acerca de casamento, mas estão de fato tomando a decisão de *não* se casarem. A coabitação não é uma maneira de se preparar para o casamento, mas uma forma de prolongar a condição de solteiro."[4]

Steve e Jen desfrutaram um "teste de casamento" enquanto esperavam pela coisa real. Eles começaram a frequentar a igreja em 2004. Apaixonaram-se por nossa igreja; contudo, mais importante, apaixonaram-se por Jesus. Entregaram o coração a Cristo logo depois de visitarem Woodland Hills.

Quando eles me pediram para casá-los, marquei a data na minha agenda, mas disse que eles precisavam de um extenso aconselhamento pré-marital antes que eu confirmasse que os casaria. Amy e eu planejamos nos encontrar com eles para a primeira sessão em um jantar no Olive Garden. A caminho do jantar, eu disse a Amy que os confrontaria com o fato de viverem juntos. Queria confrontá-los logo no início da

---

[4] McManus, Mike; Harriett. **Living Together:** Myths, Risks, and Answers. New York: Howard Books, 2008. p. 63-67.

refeição; assim, teríamos tempo para processar o assunto, e Steve poderia dizer o que considerasse necessário.

— Você sabe mesmo como acabar com uma boa refeição — disse Amy.

— Eu sei, mas Steve e Jen vão lidar bem com isso — repliquei.

Eu estava parcialmente certo. Jen concordou imediatamente. Steve precisou de algum tempo. Os dois queriam fazer a coisa certa, mas Steve precisava digerir os números e entender o pedido. Steve perguntou se mudar para um cômodo diferente da casa funcionaria, mas recusei o pedido enquanto os meus olhos espreitavam por cima dos meus óculos.

Vários dias depois do jantar, Steve me telefonou para dizer que se mudara para a casa de um amigo. Aleluia! Depois disso, Steve e Jen foram batizados juntos, concluíram o aconselhamento pré-marital e se casaram. Eles celebraram o casamento ao ar livre, rodeados por familiares, amigos e um pequeno grupo. Eles vivem agora em Gilbert, Arizona, e continuam amigos queridos até hoje.

O adiamento por causa do *site* de encontros românticos (ou o adiamento para encontrar a "alma gêmea")

A pessoa certa pode estar bem à sua frente. Talvez o seu adiamento desnecessário seja o resultado direto das suas crenças desgastadas acerca da compatibilidade. Sou fã do namoro *on-line* e tenho celebrado muitas cerimônias para casais que se conheceram em *sites* de encontros românticos. No entanto, tenha cuidado enquanto usa um *site on-line* para não cair em algumas das promessas ou falsos ensinamentos, como o mito da "alma gêmea".

Ficar sentado em casa à espera de um "par" ou de um telefonema é como esperar o chamado de uma empresa que nunca recebeu

Os adiamentos desnecessários ♥ 111

o seu currículo. A sua "alma gêmea" não está flutuando em torno da terra à espera do momento certo para topar com você. Gary Thomas escreveu:

> Há uma passividade preponderante entre muitos jovens que acham erroneamente que Deus "trará a pessoa certa no momento certo". Depois do ensino médio, você espera em casa sem se candidatar a nenhuma faculdade, "confiando que Deus" fará a universidade escrever para você com uma oferta de admissão porque "Deus os levou a isso"?
> É claro que não!
>
> Depois da faculdade, você planeja esperar em casa, "confiando em Deus" que uma empresa "o encontrará" após saber sobre sua excelente carreira acadêmica?
>
> Espero que não — ou, do contrário, bem-vindo ao seguro-desemprego.[5]

A popularidade dos encontros românticos *on-line* aumentou logo depois que Amy e eu nos casamos. Com frequência, brincamos um com o outro sobre qual seria a nossa pontuação nesses testes de compatibilidade. Será que os *sites on-line* nos considerariam compatíveis?

Os jovens casais que estão lutando em um casamento ruim perguntariam: "Casei-me com a pessoa errada?". No aconselhamento de casais, eles dizem coisas como: "É fácil para você, Ted; vocês têm um casamento excelente".

Vibro em dizer que tenho um ótimo casamento, mas ele não deu certo sem mais nem menos. Os nossos primeiros sete anos, como

---

[5] Thomas, Gary. Marry Sooner Rather Than Later. **Boundless**, 13 de março de 2009, disponível em: <www.boundless.org/2005/articles/a0001992.cfm>. Acesso em: 10 mar. 2013.

a maioria dos casais que se casam jovens, foram extremamente difíceis. Brigávamos com regularidade, suportávamos longos períodos de tratamento de silêncio e tivemos muitas expectativas não satisfeitas — mas aperfeiçoamos o casamento. Mantivemos o compromisso que fizemos no dia do nosso casamento e conseguimos superar o sofrimento e as lutas.

Em diversas ocasiões, os maridos e as esposas jovens tentam convencer-me de que a pessoa com quem estão tendo um caso é aquela que Deus quer para eles. Tudo isso é bobagem! Eles tentam dar-me uma versão levemente alterada da ideia de que "a grama do vizinho é mais verde". Sempre os faço lembrar de que "onde a grama é mais verde, há uma fossa vazando". Não entre nesse gramado!

Não tenho problema algum com o fato de você conhecer alguém *on-line*. Metade dos casamentos que celebro é de jovens que se conheceram *on-line*. Apenas digo "Vamos celebrar esse casamento", se os noivos tiverem feito a preparação adequada para o casamento e os dois amarem e servirem a Jesus.

Alerta de raposa: os testes de compatibilidade

Sempre fui péssimo em testes e não acredito que um teste possa garantir a capacidade de alguém ser fiel a vida toda. Se você conhecer alguém por intermédio de um serviço de namoro *on-line*, ainda precisa de um sério período de tempo face a face.

O adiamento por causa da independência

Muitos *blogs* e artigos de autoajuda que defendem o adiamento do casamento têm uma linha comum. Alguns acreditam que uma pessoa deve experimentar a independência antes do casamento a fim de ter sucesso como marido ou esposa.

Eis um exemplo: "A confiança [desenvolvida antes do casamento] ajuda você a ser um parceiro melhor e a ser mais seguro em um relacionamento matrimonial. As pessoas inseguras podem sentir-se desesperadas para se unir a um parceiro e, contudo, ter dificuldade em assumir compromissos porque temem perder a si mesmas se fizerem isso. Ter certeza de sua identidade torna mais fácil e menos ameaçador ser flexível".[6]

A independência fala mais alto que a unidade em um casamento. Por ser um pastor que faz regularmente aconselhamento matrimonial, vejo a independência como uma das principais causas de conflito conjugal. Na raiz da crise dos casais, com frequência você encontra duas pessoas tentando viver de maneira independente. Elas não sonham mais juntas. Não frequentam mais a igreja juntas. Esquecem-se de orar juntas. Talvez tenham padrões distintos de gastos e de paternidade/maternidade. Ela começa a procurar intimidade em outras fontes. E ele volta a atenção para outras mulheres ou para a masturbação, em vez de concentrar-se na intimidade com a esposa. Satanás alimentou a linha da independência de Eva quando disse: "Deus sabe que, no dia em que dele comerem, seus olhos se abrirão, e vocês, como Deus, serão conhecedores do bem e do mal" (Gênesis 3.5). Se não tivermos cuidado, começaremos a acreditar na mentira e tentaremos viver independentes de Deus e dos outros.

Quando Gênesis 2.24 diz: "[O homem] se unirá à sua mulher", a palavra "unirá" significa "ligar, ficar perto, apegar-se, manter-se em contato com, seguir de perto e se juntar". O objetivo do casamento

---

[6] Saltz, Gail. Are Young Marriages Doomed to Fail? **iVillage.com**, disponível em: <www.gailsaltz.ivillage.com/love/archives/2006/11/are-young-marriages-doomed-to.html>. Acesso em: jun. 2010.

114 ♥ Jovem e apaixonado

é entrelaçar os seus próprios sonhos, objetivos e paixões com os sonhos, objetivos e paixões do seu cônjuge. Isso faz parte da união.

Os defensores do adiamento do casamento dizem que uma pessoa só deve casar depois de ter uma vida independente bem-sucedida. A melhor maneira de resolver o adiamento por causa da independência é assumir 100% de responsabilidade pessoal por seus pecados, sentimentos, pensamentos e ações e se juntar ao seu cônjuge que, por sua vez, é 100% responsável por seus pecados, sentimentos, pensamentos e ações. A responsabilidade pessoal ajuda a criar um ótimo casamento; a independência não faz o mesmo.

O adiamento por causa da idade

É difícil determinar a idade certa para casar. O divórcio tem muitos motivos além da idade. Quando você pesquisa os fatores que contribuem para o divórcio, descobre que a idade, a religião, a ocupação, a região do país, a raça, a pobreza, a coabitação, ter ou não pais alcoólicos, o fumo e eventos atuais, tudo afeta as taxas de divórcio.[7]

Por isso, determinar a idade certa para casar representa, sim, um grande desafio. Você obtém uma resposta diferente dependendo de a quem formula a pergunta. Na minha pesquisa sem compromisso e independente, descobri que a maioria das pessoas não responde com uma idade exata. As restrições em relação à idade podem ser confusas, até mesmo para os adolescentes. Os meus filhos ficam frustrados com as inconsistências da lei de cinto de segurança, os

---

[7] Americans for Divorce Reform [Americanos pela Reforma do Divórcio], Correlation of Divorce Rates with Other Factors. **Divorce Reform Page**, disponível em: <http://www.divorcereform. org/cor.html#anchor2349971>. Acesso em: 10 mar. 2013.

menus para crianças e adolescentes, as regras, as restrições de altura e as séries escolares.

Nos últimos meses, por exemplo, estive estudando os *menus* infantis de todos os restaurantes que frequentamos. Estranhamente, a idade adulta difere dependendo do restaurante em que estamos. Na nossa *pizzaria* favorita, os meus dois filhos obtêm preços de criança. Mas, de acordo com a *pizzaria*, em cinco anos o meu filho de 7 anos será adulto. Corynn também será considerada adulta no Silver Dollar City, o nosso parque temático local. Apesar disso, no Disney World, ela amadurecerá mais depressa e se tornará adulta aos 10 anos.

O meu amigo Chuck Stecker, em seu livro *Men of Honor, Women of Virtue* [Homens de honra, mulheres de virtude], compartilhou mais a respeito dessa confusão de idade.

Certa vez eu estava falando em Idaho, mas fiquei hospedado em um hotel no Oregon, do outro lado do estado. As leis nos dois estados em relação à idade adulta eram realmente distintas quanto ao uso de piscina e banheiras de hidromassagem. Em um estado, aos 13 anos o indivíduo era considerado bastante adulto para estar em uma banheira de hidromassagem, mas, se atravessasse o limite estadual, precisava ter 15 anos. Pense nisso por um momento. Você podia de fato atravessar a linha de limite estadual e deixar de ser considerado adulto por mais de dois anos. "Vem fácil, vai fácil."[8]

---

[8] STECKER, Dr. Chuck. **Men of Honor, Women of Virtue**. Denver: Seismic, 2010. p. 61.

Vejamos alguns marcos comuns para crianças e adolescentes e adultos:[9]

3 anos	Começa a pagar tarifa cheia para viagens aéreas
5 anos	Começa o jardim de infância
10 anos	Torna-se adulto na Disney
12 anos	Torna-se adulto em importantes cadeias de restaurantes
15 anos	Obtém autorização de aprendiz para motoristas da Flórida e do Texas
15 ½ anos	Obtém autorização de aprendiz para motoristas da Califórnia e da Virgínia
16 anos	Obtém autorização de aprendiz para motoristas de Maryland e da Pensilvânia
16 anos	Começa a namorar (idade mais comum para os pais autorizarem)
18 anos	Vota e fuma
21 anos	Ingere bebida alcoólica
25 anos	Aluga carro

Como você pode ver, obtemos mensagens distintas sobre idade e maturidade. Adoro explicar essas coisas para o meu filho:

— Não, nesse brinquedo você precisa ter 4 anos. Agora, nesse brinquedo precisa ter 1,10 metro de altura. Sinto muito, mas o escorregador é para crianças com menos de 2 anos.

Como é de esperar, a idade "certa" para casar pode ser algo bastante confuso.

---

[9] O leitor deve observar que os fatos tratados se ajustam à realidade norte-americana. [N. do R.]

A maioria de nossos pais e avós conseguia emprego quando na adolescência. Alguns deles até mesmo deixaram a escola para trabalhar em tempo integral a fim de sustentar a família. Os pais deles dividiam a responsabilidade em grande quantidade e mais cedo na vida. A história foi diferente para nós. Acredito que o adiamento da idade tem sua raiz na geração *buster*, dos nascidos entre 1960 e 1980.

Os meus avós faziam parte da geração *builder*. Nascidos entre 1922 e 1943, eles viveram tanto a Grande Depressão quanto a Segunda Guerra Mundial. Valorizavam o trabalho árduo e o respeito pela autoridade, e a maioria se casou jovem. Essa geração foi edificada sobre a sobrevivência e o sacrifício. Alguns deixaram o ensino médio para se juntar ao exército e lutar para salvar o mundo. Eles se casaram adolescentes e foram forçados a amadurecer. Não lhes foi permitido o luxo de um estágio de adolescência prolongado. Simplesmente se esperava que casassem jovens porque seus pais acreditavam que o casamento tinha de acontecer no início da vida adulta.

Os meus pais faziam parte da geração *boomer*, dos nascidos entre 1943 e 1960. As experiências definidoras incluíram o uso predominante da televisão, os movimentos de direitos civis e a prosperidade. Os valores deles não espelhavam os valores de seus pais. A sobrevivência não era o principal objetivo. Essa geração valoriza a saúde e o bem-estar, o crescimento pessoal e o sucesso.

Os *busters*, nascidos entre 1960 e 1980, são a primeira geração em que o adiamento do casamento se tornou comum. Essa geração valoriza a diversidade, o pensamento global e a independência, e eles se casam cada vez mais tarde.

Esse adiamento foi o principal motivo para eu escrever *Jovem e apaixonado*. Eu queria ajudar os jovens da nossa congregação que ouvem as palavras: "Você é muito jovem para casar". Queria dar-lhes respostas e ajuda prática. Talvez você não concorde com todos os argumentos deste livro, e não faz mal. Mas quero oferecer a você uma resposta melhor que a daqueles que dizem: "Espere ficar mais velho para casar".

Diário de *Jovem e apaixonado*

De que maneiras você pode preparar-se financeiramente para o casamento sem adiá-lo?

Esboce um orçamento razoável para uma cerimônia de casamento que evite dívidas, mas ainda propicie a você excelente começo para a vida de casado.

Quais são os seus planos para emprego, instrução e casamento?

Você diria que o seu grau de maturidade está à frente ou atrás de outras pessoas da sua idade?

Alerta de raposa: o mau aconselhamento

Um título por trás de um nome não faz um grande conselheiro. O conselheiro matrimonial pode ter um cartão de visita com a sigla TCFL (Terapeuta Conjugal e Familiar Licenciado), mas isso não garante que ele dê bons conselhos. Certifique-se de obter aconselhamento bíblico, não arbitrário, tal qual a opinião cultural embalada como aconselhamento. Tenha cuidado! Há muitos terapeutas que, na minha opinião, dão conselhos horrorosos e desonram a instituição do casamento.

Capítulo 7

Idade, privilégio e responsabilidade

Ninguém o despreze pelo fato de você ser jovem, mas seja um exemplo para os fiéis na palavra, no procedimento, no amor, na fé e na pureza.

— 1Timóteo 4.12

O casamento é a nossa última e melhor chance de amadurecer.

— Joseph Barth

Quando comecei no ministério, fiquei chocado ao ver quanto as pessoas mais velhas da igreja lutavam com a imaturidade dos mais jovens.

Na minha primeira igreja, eu era o pastor associado de 22 anos e servia com um pastor sênior de 26 anos. Participávamos de incontáveis reuniões de diáconos em que nos diziam: "Vocês precisam se estabilizar. Um dia, vocês serão como nós e entenderão melhor as coisas. Vocês são jovens e, no fim, vão se acalmar".

Também tive a oportunidade de fazer a transição do estilo de adoração tradicional para o estilo contemporâneo em duas igrejas. Ambas eram batistas, uma no Texas e a outra na Geórgia. As duas, basicamente, me disseram: "Estamos chamando-o oficialmente de o cordeiro sacrificial porque espero que eles matem você, não a mim". Foi uma luta assistir aos membros mais velhos dessas igrejas escolhendo suas tradições e preferências em detrimento do gosto de seus filhos e netos.

Em toda a minha vida, sempre esperei ficar velho. A maioria das pessoas teme os 40 anos, mas eu os receberei de bom grado. No último ano, Amy notou os meus primeiros fios grisalhos e fiquei entusiasmado. Ela acha que preciso de ajuda. Passei toda a vida saindo com pessoas mais velhas que eu. Na igreja, nos feriados familiares e na escola, eu sempre estava às voltas com pessoas mais velhas. Achava a conversa delas mais estimulante e suas atividades mais desafiadoras. Até hoje, os meus dois melhores amigos no ministério têm 70 e 63 anos.

A carta 1Timóteo é um livro do Novo Testamento escrito por um pastor mais velho instruindo um pastor mais jovem. A igreja de Éfeso estava lidando com questões de liderança, e Paulo, em sua epístola, advertiu o jovem Timóteo a não desistir por estar cercado de líderes mais velhos que "desprezavam sua juventude" (cf. 1Timóteo 4.12). Na época de Timóteo, o termo "juventude" era usado para as pessoas com menos de 40 anos. Timóteo, provavelmente, estava no começo da casa dos 30 anos.

Paulo instruiu Timóteo a "trabalhar e lutar" (cf. 1Timóteo 4.10) "para que todos vejam o seu progresso" (1Timóteo 4.15). Observamos nessa epístola que idade e sabedoria não são sinônimos. Você pode estar esperando ficar velho para ser sábio. A sabedoria, com frequência, vem com a idade avançada, mas conheci muitas pessoas mais velhas que não tinham sabedoria. O que eu achava ser verdade em relação a muitas dessas pessoas mais velhas que tentavam reprimir os mais jovens da igreja era o seguinte: em algum ponto da vida, elas tomaram a decisão de parar de crescer e aprender. Escolheram conscientemente parar de progredir em sua fé, trabalho e casamento.

No entanto, Paulo disse a Timóteo para permanecer em sua posição de autoridade e que "ninguém o despreze pelo fato de você ser jovem" (1 Timóteo 4.12). *Jovem* é um termo relativo. O meu sogro, Denny, tem 62 anos e é recepcionista no Walmart aqui em Branson. Pelo menos uma vez por dia o chamam de "Sonny". Ele é muito mais jovem que a maioria das pessoas que pegam os carrinhos elétricos na porta de entrada da loja, mas, ao mesmo tempo, alguns desses clientes são os piores habitantes do Planeta. Eles ainda são desbocados. Pararam de progredir anos atrás.

Paulo sugeriu três respostas diferentes para alguém que despreza sua juventude. Essas sugestões servem bem se você for criticado por sua decisão de casar jovem. Primeira resposta: "Seja um exemplo para os fiéis na palavra, no procedimento, no amor, na fé e na pureza" (1 Timóteo 4.12); segunda resposta, progrida em sua vida e na doutrina (1 Timóteo 4.16); e finalmente "não repreenda asperamente o homem idoso", mas trate-o como um pai (1 Timóteo 5.1). Aqui vemos mais uma vez o tema da honra.

Quando alguém mais velho diz que você é "jovem demais" prove-lhe com a sua língua, comportamento, fé, pureza e doutrina que ele está errado e, a propósito, respeite-o apesar de sua atitude.

Alerta de raposa: pessoas idosas irritadas

Eclesiastes 12.1 diz: "Lembre-se do seu Criador nos dias da sua juventude, antes que venham os dias difíceis e se aproximem os anos em que você dirá: 'Não tenho satisfação neles' ". É difícil envelhecer, e cada um responde de forma distinta ao processo. Existem vários homens e mulheres mais velhos na minha vida cuja companhia é pura alegria. Eles amam Jesus e as pessoas à sua volta e respondem bem às provações da vida. Mas outros idosos permitem que a dor e as lutas da vida afetem suas atitudes de maneira negativa, em vez de uma forma bíblica, conforme esboçado por Tiago 1.2-4 e Romanos 5.3-5. Nunca ouça o conselho de alguém que diz algo negativo ou amargo como "Você um dia finalmente vai assentar na vida" ou "Também éramos movidos por essa paixão antes, e você vai superar isso". Não permita que a negatividade que alguém abraçou na própria vida se torne parte da sua vida. Desfrute a vida e o casamento. Encontre o amor, trate bem os amigos mais velhos e modele seu casamento pelo deles.

Escolha a sua estatística

Odeio estatísticas. Não só porque elas são aborrecidas, mas também porque são limitantes. Quando você lê uma estatística como "50% dos casamentos terminam em divórcio", talvez você pense em incluir o seu casamento nesses 50% de casais que se divorciam, em vez de colocá-lo nos 50% que permanecem juntos. Alguns de nós tendemos a ver o copo meio vazio. As pesquisas têm suas limitações, portanto tenha cuidado para não se tornar um pessimista fundamentado em estatística.

Os Estados Unidos, por exemplo, estão atualmente passando pela pior recessão do período da minha vida. A taxa de desemprego está quase em 10% (nunca se esqueça de que a taxa de desemprego no Haiti é de 84%). *Não obstante, nós nos queixamos.* Vejo, como pastor, membros desempregados da nossa família da igreja. O que esquecemos é o fato de que 90% dos Estados Unidos ainda estão trabalhando. Não estou em posição de mudar a taxa nacional de desemprego; mas posso tentar mudar a situação do próximo pai desempregado que passar pela minha porta. Talvez eu possa ser o seu pastor e ajudá-lo a fazer parte dos 90% que têm trabalho.

O mesmo é válido para os casais. Gary Smalley, meu mentor e fundador do Centro Smalley de Relacionamento, trabalha há anos sob a seguinte declaração de missão: "Reduzir a taxa de divórcio; aumentar a satisfação conjugal". Gary é um visionário. Talvez eu seja um líder menor, mas escolhi uma missão diferente: "Faça por um casamento o que você não pode fazer por todos".

Se eu acordasse todas as manhãs com a visão grandiosa de diminuir a taxa de divórcio no país, estaria preparando-me para o fracasso mental. Mas, se vou trabalhar com o plano de impedir um casal de se divorciar, então não só estou cumprindo a Grande Comissão, mas também trabalho para levar os casados para o lado bom da equação estatística. Independentemente de qual seja o método utilizado — escrever um livro, preparar-me para uma conferência ou sermão ou aconselhar um casal, consigo ajudar um casamento por vez.

O mesmo é válido para você também. Idade e sabedoria não são sinônimos. Conheço cristãos de todas as idades que não têm sabedoria, julgamento e compromisso. Uma das minhas brigas com as pesquisas que encorajam você a esperar até os 25 ou 30 anos para se casar é que elas não levam em consideração o grau de sabedoria ou maturidade do indivíduo. Elas incluem você nas médias nacionais junto com cristãos, agnósticos e não cristãos. Assim, mais uma vez, tenha cuidado com as estatísticas — elas não precisam aplicar-se a você.

Você não pode fazer nada a respeito da sua idade ou do que as estatísticas dizem. Mas pode fazer tudo a respeito do seu grau pessoal de maturidade. Quando lhe disserem: "Você é jovem demais", tente discernir se o que a pessoa está realmente dizendo é: "Você ainda é um adolescente" ou "Você ainda precisa amadurecer mais". Às vezes, culpar a sua idade é uma maneira mais delicada e socialmente aceitável de dizer: "Está na hora de você crescer!".

Muitos privilégios, pouca responsabilidade

A minha filha Corynn está convencida de que nunca sairá de casa. Ela, aos 7 anos, decidiu que, porque a mamãe e o papai cuidam tão bem dos filhos, ela simplesmente permanecerá em casa.

Ela, porém, sabia que eu não aceitarei essa possibilidade.

Uma das perguntas mais difíceis que Corynn já me fez foi:

— Papai, quem você ama mais, eu ou a mamãe?

Ai! Naturalmente, a minha primeira reação a uma pergunta dessa é agir como se não tivesse ouvido ou apertar os olhos como se não tivesse entendido. Ela me pegou direitinho.

— Amo a sua mãe e você — eu disse gentilmente —, mas Deus quer que eu ame a mamãe de um jeito diferente. Sua mãe e eu estamos juntos para a vida toda. Ficaremos juntos até que um de nós vá para o céu ou até Jesus voltar. Mas você, Corynn, você não ficará conosco para sempre. Um dia, você vai sair de casa e começar sua própria família.

Corynn é rápida em contestações.

— Quero ficar com você e com a mamãe para sempre.

— Você não pode ficar conosco para sempre, Corynn — digo.

Enquanto as lágrimas se formam nos olhos da minha pequena, ela me olha carinhosamente e diz:

— Vou fazer faculdade *on-line* e ficar em casa para sempre. Você não pode me obrigar a ir embora.

Devo admitir que, quanto ao ponto de vista de instrução, gosto da ideia de ela estudar *on-line*, mas preciso que a minha filha saiba que, na verdade, separar-se dos pais é um sinal de saúde e maturidade. Um dia, ela terá de sair de casa.

É claro que uma parte minha quer que ela fique conosco. Contudo, foi-me confiada a missão de introduzir Corynn em sua jornada espiritual para a vida. Não estarei com ela durante três quartos de sua vida, mas Deus me deu esse tempo no início de sua vida para investir nela e ajudar a formar as crenças de seu coração.

Há um versículo muito importante da Bíblia que fala sobre paternidade/maternidade e a questão da adolescência prolongada. Os famosos textos da Bíblia que tratam de *deixar e unir-se*, com frequência, são mais ensinados a adultos: "Por essa razão, o homem deixará pai e mãe e se unirá à sua mulher, e eles se tornarão uma só carne" (Gênesis 2.24). Jesus repetiu esse versículo no evangelho de Mateus, e Paulo repetiu-o em Efésios. A *Almeida Revista e Corrigida* usa o termo "apegar-se-á" para transmitir a ideia de estar unido. Essas palavras, ditas pela primeira vez no jardim do Éden, foram dirigidas a um casal sem pais biológicos. É possível questionar se Deus estava instruindo Adão e Eva sobre como eles deveriam criar os filhos, em vez de ensiná-los a praticar isso em seu próprio casamento. Se isso fosse verdade, esse ensinamento seria transmitido a crianças, não a adultos. Não temos registro da conversa, mas me pergunto quando Adão e Eva ensinaram pela primeira vez Gênesis 2.24 a Caim e Abel e, depois, a Sete? Acho que cedo, em vez de tarde.

O casamento envolve uma nova prioridade. Quando você vê a palavra "deixar", acha que precisa mudar-se para milhares de quilômetros de distância de seus pais. Contudo, o foco desse texto não é *geográfico*. A maioria dos casais jovens, na verdade, vive bem próximo dos pais e, mais tarde, muda-se para longe. O foco desse texto é *relacional*. *Deixar* transmite a ideia de que nenhum relacionamento, à parte do seu relacionamento com Deus, é mais importante que o seu casamento. Deixar significa abandonar, afastar-se, deixar para trás. Acredito que sair de casa em idade relativamente jovem é o principal antídoto para o problema da adolescência prolongada.

Nós, pais atuais, ensinamos os nossos filhos a serem dependentes de nós, em vez de viverem de maneira independente. O termo "adolescente" tem origem na palavra latina *adolescere*, que significa "crescer". Essa idade criada pelos homens é um período em que a pessoa não é mais criança, mas ainda não é adulta. Chamo esse período de limbo. Outros chamam a adolescência de férias da responsabilidade.

Desde o momento em que Deus falou em Gênesis 2.24 e ao longo das diversas primeiras centenas de anos da história humana, as crianças cresciam e se tornavam adultas. Não havia um estado intermediário do ser. Só nos últimos cem anos é que as crianças passaram a adiar o amadurecimento, e acabamos por inserir essa extensão de dez a quinze anos entre a infância e a idade adulta. No entanto, acho divertido como a Bíblia usa só os termos "criança" ou "adulto". Biblicamente, não há um intervalo entre as duas idades. As crianças simplesmente se tornam adultas. Embora as Escrituras deem muitas responsabilidades aos pais, o apóstolo Paulo as resume desta maneira: "Pais, não irritem seus filhos; antes criem-nos segundo a instrução e o conselho do Senhor" (Efésios 6.4). A nossa tarefa, como pais, é instruir os nossos filhos e manter o coração deles receptivo para que, quando se tornarem adultos, tenham um amor pelo Senhor que agrade a Deus.

No entanto, prolongamos a adolescência até o ponto no qual os pesquisadores acabaram por cunhar um novo termo para o intervalo entre a adolescência e a idade madura. Vamos lá, isso é sério? Desculpe-me, mas estou descarregando a minha ira no computador enquanto insiro o seguinte texto:

Os pesquisadores, os sociólogos e os psicólogos dizem que há uma nova fase na vida — reconhecida recentemente

— que cobre esse intervalo entre a adolescência e a idade adulta. O que era antes da alçada da academia passou a ser verdade para a cultura popular. Uma infinidade de livros do tipo que explicam sobre "como lidar com essa questão" declaram uma mudança universal no que significa ser adulto.

"É o precursor de uma transformação básica da idade adulta", diz James Côté, sociólogo da Universidade de Western Ontario que cunhou a expressão "idade do jovem adulto". "A idade adulta tradicional de obrigação e autossacrifício se torna cada vez mais uma coisa do passado".[1]

Se você não estiver cansado nem aborrecido com o que acabou de ler, seja bem-vindo à idade do jovem adulto. Já é bastante ruim termos criado um intervalo entre a infância e a idade adulta: a adolescência — e agora criamos um termo para o intervalo que aumenta cada vez mais entre a adolescência e a idade adulta. Uau!

Como pastor líder, contratei muitos formandos de faculdade para servir na nossa igreja, e muitos deles me frustraram consideravelmente. Eu costumava achar que as pessoas na casa dos 20 anos eram preguiçosas e desrespeitosas com a autoridade. Mas vim a aprender que muitas vezes eu era a primeira pessoa na vida a desafiá-las a sair da adolescência e entrar na idade adulta. Como seu primeiro empregador em tempo integral, tenho, muitas vezes, de fazer o que os pais deles deviam ter feito.

---

1 JAYSON, Sharon. It's time to grow up—later. **USA Today**, 30 de setembro de 2004, disponível em: <www.usatoday.com/life/lifestyle/2004-09-30-extended-adolescence_x.htm>. Acesso em: 10 mar. 2013.

Tornar-se adulto significa sair de casa, tomar decisões adultas e sábias e assumir a responsabilidade pelo resultado dessas decisões.

A maioria dos pais atuais tenta controlar, em vez de monitorar, o comportamento dos filhos adolescentes. Na minha opinião, os pais esperam demais para ensinar os filhos a serem adultos e, como resultado, acabam, intencional ou involuntariamente, prolongando a jornada dos filhos para a idade adulta.

Mas por favor não se estresse. Se você cresceu em uma família em que os seus pais deram a você privilégios e evitaram a responsabilidade, ainda há algo que pode ser feito a respeito. Você pode escolher valorizar a responsabilidade mais que o privilégio. Pode começar a ver o privilégio como algo que você conquista depois de um longo período de responsabilidade.

A geração *boomer* mimou seus filhos? Mimou sim. Existe alguma coisa de errado em ter privilégio? Não, não existe. A chave é a ligação entre as duas coisas. As crianças e os adolescentes precisam do nosso apoio prático e emocional. Mas quando os pais devem começar a dar esse apoio prático? Quando ensinar às crianças e aos adolescentes fazer um cheque, declarar seu imposto, bater o ponto no trabalho e doar para a igreja? Vou dizer uma coisa — ainda não encontrei um único pai que tenha dito: "Não quero criar adultos responsáveis". O que ninguém sabe é quando começar a prepará-los. Começamos com o privilégio na mais tenra idade e adiamos a responsabilidade. Acredito que esse adiamento da responsabilidade é um dos motivos pelos quais agora adiamos o casamento ao longo de uma geração inteira.

Quero que os meus filhos aprendam a ser responsáveis na mais tenra idade. Amy e eu definimos a maturidade na nossa casa como "saber que não ficarei para sempre com a mamãe e o papai e planejar a viver de acordo com isso". Acreditamos que é bom e saudável os filhos se separarem dos pais. A boa paternidade/maternidade reconhece a bênção de que os filhos precisam para um dia serem liberados em uma nova jornada com Cristo e seu par. Eles precisam ser encorajados e ter plena confiança de que um dia tomarão suas próprias decisões adultas e competentes. Não quero que os meus filhos esperem até os 25 ou 30 anos para adquirir essa confiança.

Converso o tempo todo com filhos já adultos que, na casa dos 20 e 30 anos, ainda telefonam para casa a fim de pedir dinheiro aos pais. Depois, eles ficam frustrados com os pais controladores. O meu primeiro conselho para eles é tirar o lençol de *Guerra nas estrelas* da cama. Está na hora de crescer!

Quando faço aconselhamento pré-marital, certifico-me de que os jovens casais entendam isso. A conversa, em geral, segue mais ou menos assim: "Antes de telefonar para casa pedindo dinheiro, pense nos juros para o pagamento. Você não tem ideia de quanto custará a você tomar um empréstimo para pagar o aluguel. Você acabará por pagar esse empréstimo durante anos. Pagará esses juros por intermédio da falta de confiança, manobras de controle e ocasionais viagens de culpa". Seria mais barato e mais fácil conseguir um segundo emprego para cobrir o aluguel do que pedir o dinheiro aos seus pais.

Provérbios 23.22-25 declara: "Ouça o seu pai, que o gerou; não despreze sua mãe quando ela envelhecer. Compre a verdade e não abra mão dela, nem tampouco da sabedoria, da disciplina e do discernimento. O pai do justo exultará de júbilo; quem tem filho sábio nele se alegra. Bom será que se alegrem seu pai e sua mãe e que exulte a mulher que o deu à luz!". Como pai, quero deliciar-me com os meus filhos e quero saber que a nossa jornada em Cristo influenciou a vida deles. Quero olhar para Carson e Corynn e dizer: "Vocês são meu filho e minha filha, e isso me agrada".

Ao pesquisar para este livro, li muitos livros tentando entrar na mente dos jovens na casa dos 20 anos. Cada livro compartilhava maneiras de a igreja melhorar o ministério para o grupo dessa idade. Em alguns desses livros, o autor pedia para a igreja ser uma extensão do lar e ajudar a prolongar a adolescência. Não farei isso. Amo demais os jovens na casa dos 20 anos da minha igreja para lhes dar privilégios excessivos enquanto evito a responsabilidade.

"Eles não são tão maduros porque não se exige que sejam", disse Jeffrey Jensen Arnett, psicólogo de desenvolvimento, falando sobre os jovens na casa dos 20 anos. "Isso de fato tem que ver com a cultura e a sociedade de modo geral."

"Essa é uma geração que cresceu em uma cultura acelerada que os forçou a serem mais velhos antes que estivessem preparados", disse David Morrison, presidente da Twentysomething Inc. "Agora que eles conseguiram independência, vão aproveitar cada segundo antes de assentarem."[2]

Papai e eu

O meu pai não acreditava em adolescência prolongada. Vim a descobrir que ele não acreditava nem mesmo em adolescência. Seu plano para os filhos era simples: da infância para a idade adulta e sem período de descanso. Ele simplesmente dava muito mais valor à responsabilidade que ao privilégio e, como resultado, trabalhei a vida inteira.

Lembro-me de estar indo para casa uma noite com o meu pai quando ele notou o quintal do vizinho com um matagal. Ele parou o carro e me desafiou a oferecer os meus serviços ao nosso vizinho. Fiz isso. Por 10 pratas, eu disse, corto o "campo" desse homem. Para um menino de 8 anos, quando a grama ultrapassa os 45 centímetros de altura, aquilo não é mais um gramado. O homem sorriu e aceitou a

2 Ibid.

minha oferta. Levei dois dias para lhe devolver o quintal. O meu pai estava satisfeito? De jeito nenhum. Ele ainda tinha mais a me ensinar, e a lição número dois foi sobre administração de dinheiro. Em sua escrivaninha no porão, dividimos o dinheiro, dando R$ 1,00 para a igreja, R$ 0,50 para missões, R$ 5,00 para a poupança e R$ 3,50 para gastar. Quase trinta anos depois, ainda dou o dízimo, oferto para missões e poupo. É divertido ver como isso funciona.

Roy Chestnut, meu pastor na infância, também me ensinou sobre responsabilidade. Conforme eu me aproximava dos temidos anos finais do ensino fundamental, a nossa igreja começou um projeto de construção que mais que dobraria o tamanho das nossas instalações. O pastor poderia facilmente ter alugado uma máquina para construir as dez valas necessárias para os tubos de drenagem, mas, em vez disso, resolveu contratar os meninos do final do ensino fundamental. Essa decisão provavelmente lhe custaria mais tempo, dinheiro e preocupação, mas ele enxergou um investimento maior no Reino. As valas precisavam ter 91 centímetros de profundidade e centenas de metros de extensão — e seriam cavadas por meninos de 12 anos com uma pá. Ele nos pagou 10 reais por hora. Eu era bom em matemática e fiquei muito feliz!

No meu aniversário de 13 anos em 29 de janeiro de 1987, ganhei uma surpresa muito especial. Era um extrato da poupança. Fiquei entusiasmado com a ideia de poder contar aos meus pais que tinha juntado mais de R$ 15 mil em 1986, aos 12 anos. Papai ficou orgulhoso. Pude ver isso em seus olhos. Mas também vi outra lição chegando. Ele já me ensinara a dar o dízimo, ofertar e poupar — agora estava na hora de conhecer o Tio Sam.

Acredite ou não, a maior briga que o meu pai e eu já tivemos foi naquele ano sobre o pagamento de impostos. O meu pai se ofereceu para preparar o meu imposto de renda. Uma vez que o meu trabalho na igreja era considerado um contrato de trabalho, eu era autônomo. Era responsável pelas duas partes da Previdência Social que, na época, somavam mais de 15%. Na mesma hora, virei fã da música *country* de Ray Stevens "If Ten Percent Is Good Enough for Jesus (It Oughta Be Enough for Uncle Sam)" ["Se 10% são suficientes para Jesus (deveriam ser suficientes para o Tio Sam)"].

O meu pai descobriu que a minha carga tributária era de quase R$ 2 mil. Ele meu deu a notícia gentilmente, dizendo:

— Ted, estou fazendo um cheque da sua conta de poupança nesse valor. Fui direto até ele e disse:

— Papai, de jeito nenhum. Não vamos pagar isso. Eles não esperam que alguém com 12 anos pague a Previdência Social.

Lembro-me vividamente de estar no modo de ataque. Pergunto-me quantos pais de hoje discutem com os filhos adolescentes sobre impostos.

Mais tarde, ele me ouviu por acaso falando ao telefone com advogados tributaristas e contadores, tentando verificar se havia alguma regra determinando que alguém de 12 anos pagasse impostos. Nunca o vi ficar tão furioso antes nem depois, e houve muitos dias de portas e telefones batidos em casa. Nós dois ficamos com raiva, por diferentes motivos. Mas, no fim, o meu pai estava certo. Vai entender!

Amo o meu pai e louvo o meu Pai do céu por um homem chamado Ron Cunningham. Ele foi homem o bastante para ensinar os filhos a terem responsabilidade já em tenra idade. A minha família também é agradecida a ele!

Diário de *Jovem e apaixonado*

Que palavra descreve melhor o lar em que você cresceu? Privilégio ou responsabilidade?

O que você está fazendo agora para crescer em responsabilidade pessoal?

Cite algumas das velhas raposas que tentam dissuadir o seu amor jovem. Agora pense em diversas maneiras pelas quais você pode demonstrar respeito por essas pessoas.

Alerta de raposa: as estatísticas

Não deixe as estatísticas assustarem ou dissuadirem seu amor jovem. Tenho um excelente casamento em um país com um índice de 50% de divórcio. Tomei a decisão de fazer parte da estatística dos que permanecem casados. Se tanto você quanto seu cônjuge se comprometerem com isso, você também pode fazer parte dos 50% que permanecem casados.

Capítulo 8

Caráter

Portanto, sejam imitadores de Deus, como filhos amados.

— Efésios 5.1

A frouxidão moral é o motivo número um para o divórcio. A dívida, o adultério e a quebra de promessas são sintomas de falta de caráter de um cônjuge. A integridade superficial leva os casais a procurarem uma saída fácil quando se encontram do lado mais pobre do voto "na riqueza e na pobreza" ou do lado doente do voto "na doença e na saúde".

Tom, a palavra hebraica para integridade, significa "ser completo ou sólido". Salmos 78.72 usa *tom* para falar da integridade de coração: "E de coração íntegro [*tom*] Davi os pastoreou; com mãos experientes os conduziu".

Aprecio muito a aplicação prática das Escrituras feita pelo pastor Chuck Swindoll. Ele faz um trabalho fantástico ao descrever o que é e o que não é integridade.

136 ♥ Jovem e apaixonado

A integridade é a completude ou solidez. [...] Você é íntegro se cumprir suas promessas. [...] Se é uma pessoa íntegra,
você faz o que diz. Você fará o seu melhor para realizar o
que declara. [...]
Há, porém, algumas coisas que a integridade não é.
Ela não é a perfeição sem pecado. A pessoa íntegra não
leva uma vida absolutamente livre de pecado. Ninguém
vive sem pecar. Mas quem é íntegro logo reconhece suas
falhas e não esconde o erro.[1]

Os casamentos se desintegram por causa de profundas questões de
caráter, não por causa de questões superficiais. Você pode gostar da aparência de alguém e de como essa pessoa se comporta em público, mas se ela não
tiver caráter nem integridade, então você terá problemas. O caráter é tudo.

Inspecione a árvore frondosa que dá sombra a você

Em 2007, a minha esposa e eu construímos uma casa. Temos um terreno densamente arborizado fora da cidade e decidimos ser os nossos
próprios empreiteiros. Contratamos escavadeiras, pedreiros, encanado-
res, eletricistas e mais de 20 outros subempreiteiros para completar a
obra. A quem queríamos enganar? Assistir a programas de construção
diversas vezes por semana não transforma ninguém em empreiteiro.
Mas você tem de nos apoiar por tentarmos. O nosso casamento também sobreviveu à experiência.

— Onde vamos construir a casa? — foi a primeira questão.

Tínhamos um terreno de 12 mil metros quadrados misturado
com cedros e carvalhos e um carvalho de 100 anos bem no centro.

---

[1] SWINDOLL, Charles R. A Battle for Integrity. **Insights**, março de 2003. p. 1-2.

Essa árvore era imensa e podia prover sombra para a casa toda. Por isso, posicionamos a casa com essa árvore no quintal; assim, ela forneceria sombra em meio ao intenso sol da tarde. Depois de limpar 2 mil metros quadrados, afastamo-nos para olhar o carvalho majestoso e perfeitamente modelado. Já tínhamos visto carvalhos assim em logotipos de empresas, como o usado pelos Centros de Tratamento de Câncer da América. L-I-N-D-O!

Só que houve um problema: não inspecionamos a árvore antes de tomar a decisão de limpar o terreno em torno dela. A árvore estava completamente oca. Ops! Nem sempre as coisas são como parecem. A árvore em deterioração está a quatro metros e meio da casa e neste exato momento se inclina em direção ao nosso quarto.

Salomão era uma árvore frondosa para sua noiva sulamita: "Como uma macieira entre as árvores da floresta é o meu amado entre os jovens. Tenho prazer em sentar-me à sua sombra; o seu fruto é doce ao meu paladar" (Cântico dos Cânticos 2.3). Antes de escolher uma árvore frondosa, certifique-se de que ela não está oca por dentro. Inspecione a árvore *e* os frutos a fim de garantir que você terá sombra no seu relacionamento nos próximos cinquenta anos.

Ainda posso ter mais um ano ou dois com o carvalho no quintal, mas deverei cortá-lo antes que ele caia.

Os quatro ingredientes

O caráter é o primeiro ingrediente para inspecionar a sombra da pessoa que você está namorando ou noivando. Para mim, esse é o único ingrediente inegociável. Para mim, os outros três ingredientes — química, competência e chamado — não são motivo para acabar com um relacionamento. Ele ou ela pode ser médico(a), advogado(a), pastor(a) ou encanador(a), mas, se não tiver caráter, você terá problemas no casamento.

138 ♥ Jovem e apaixonado

Ele ou ela pode ter uma personalidade forte ou ser divertido(a) e amoroso(a), mas, se não for íntegro, a química não tem importância.

O seu caráter determina seu compromisso no casamento. Uma vez que hoje, nos Estados Unidos, a duração média do primeiro casamento é de oito anos,[2] o compromisso é o ingrediente essencial que ajuda você a construir uma vida inteira de deleite um com o outro. O motivo para "compromisso" não ser um quinto ingrediente é que caráter e compromisso são sinônimos. Se a pessoa com quem você pretende casar não tem caráter, não percorra a nave da igreja.

O profeta Malaquias ligou o caráter ao compromisso, ao dizer: "O Senhor é testemunha entre você e a mulher da sua mocidade, pois você não cumpriu a sua promessa de fidelidade, embora ela fosse a sua companheira, a mulher do seu acordo matrimonial" (Malaquias 2.14).

Muitos casais jovens, por causa da falta de caráter, contratam o pastor apenas para servir como um juiz de paz, em vez de ser alguém que celebrará uma cerimônia na qual o Senhor serve tanto como testemunha quanto como juiz do caráter dos noivos. Muitos anos atrás, os casais jovens procuravam a igreja e se submetiam à autoridade espiritual para receber a bênção do matrimônio.

Hoje, os jovens vão à igreja para os líderes validarem a escolha do cônjuge. Eles, em geral, querem um casamento na igreja, mas não necessariamente um casamento espiritual. Em Woodland Hills, quando um dos pastores começa a explicar o que envolve um casamento na igreja, muitos casais procuram um pastor de outra congregação. As nossas diretrizes iniciais são simples. Vocês precisam estar comprometidos um com o outro para a vida toda. Não temos muitas

---

[2] JAYSON, Sharon. Divorce threat persists throughout marriage. **USA Today**, 19 de setembro de 2007, disponível em: <http://www.usatoday.com/news/health/2007-09-19-divorce-census_N.htm>. Acesso em: 10 mar. 2013.

diretrizes, mas perguntamos: "Quanto você quer que a igreja e a comunidade de Woodland Hills Family Church se envolva a fim de que vocês prestem contas a ela?".

O meu aconselhamento pré-marital sempre começa com esse primeiro ingrediente. Começo perguntando a cada pessoa sobre sua jornada pessoal de fé. Eis algumas das respostas que recebo:

"Sempre fui cristão."

"Fui batizado quando era bebê."

"Venho de uma família religiosa."

"Os meus pais me levavam à igreja desde que nasci."

"Sempre acreditei em Deus."

"Frequento a Woodland Hills."

Nenhuma dessas respostas funciona para mim. A decisão de seguir Jesus tomada na escola bíblica de férias aos 8 anos ou uma caminhada até o altar no acampamento de verão aos 13 anos não é suficiente para a resposta esperada. E, se não é suficiente para o líder da igreja, também não deveria ser suficiente para você. É preciso fazer perguntas mais profundas ao seu cônjuge potencial.

Eis uma lista melhor de perguntas para começar a sondar o caráter dele ou dela:

Ele ou ela é um seguidor ativo de Jesus (não apenas um frequentador de igreja)?

Ele ou ela honra e respeita os outros? Os pais?

Como ele ou ela lida com dinheiro?

Ele ou ela é muito nervoso(a) ou tem temperamento forte?

Ele ou ela persiste nos compromissos?

Ele ou ela demonstra respeito pela autoridade?

Ele ou ela tem autoridade?

A maioria dessas perguntas pode ser respondida simplesmente observando o comportamento da pessoa. Tudo o que fazemos como cristãos deve apontar para Jesus. A sua e a minha responsabilidade é garantir que tudo na nossa vida aponte para Jesus. A integridade é facilmente identificada nos restaurantes, no correio, na escola e na casa dos pais.

O caráter dele

Ele é homem de uma só mulher?
Howard Hendricks, professor no Dallas Seminary, é conhecido por dizer: "Todo homem luta com a luxúria. Se não luta, ele tem outro problema". Os homens precisam aprender a controlar sua carne. Na lista de qualificações para os líderes da igreja, o apóstolo Paulo mencionou: ser "marido de uma só mulher" (1Timóteo 3.12). Para que possam ser considerados homem de uma só mulher, os solteiros não podem fantasiar sobre dormir com a mulher de outro. Em outras palavras, não podem baixar pornografia da internet e trair a futura esposa.

No ministério, muitos pastores amigos e líderes brincam comigo por eu ser um tanto reservado. Admito que não sou meloso, e honestamente a opinião de Amy é a única que interessa. Ela me diz regularmente:

— Ted, não deixe que as pessoas zoem você por ser reservado, porque eu gosto disso. Fico emocionada ao saber que você nunca se encontrará sozinho com uma mulher nem jantará fora com uma mulher da igreja. Você estabeleceu práticas e passos na sua vida para garantir que seja marido de uma só mulher.

Companheiros, temos de nos guardar nessa área. Realizo vários casamentos por ano e me mata pensar que o pai levando sua princesa pela nave da igreja pode estar entregando-a a algum tipo de viciado em sexo. O pai cuidou dela durante vinte anos e agora um rapaz descuidado e imprudente está prestes a tomá-la como esposa. A mente dele está cheia de imagens com as quais ela não pode competir. Esse é o motivo pelo qual a primeira pergunta que faço no aconselhamento pré-marital é sobre o caráter dele.

Ele é trabalhador?

Ele conseguirá sustentar você e a família? Ser trabalhador é diferente de que tipo de trabalho ele fará. Cobrimos esse ingrediente ao falar sobre competência. Prometo a você isto: depois de vinte anos no casamento, a preguiça não é algo fofo. É frustrante quando você está tentando colocar aparelho de dentes nos seus filhos, e o seu marido está sentado na sala à espera da "oportunidade certa" de emprego para colocar a mão na massa.

Procure o rapaz que trabalhará em qualquer emprego enquanto espera pelo emprego certo. Vivemos em Branson, uma cidade com mais de cem *shows* diferentes de música e variedades. A cada ano, inúmeros artistas se mudam para cá na esperança de conseguir o *show* perfeito. Trabalhei recentemente com uma família em que o marido ficara sem trabalho durante um ano e meio esperando conseguir um *show* que precisasse de um instrumentista de sopro. A esposa trabalhava febrilmente enquanto o banco planejava tomar a casa deles. Isso me deixou furioso. Paulo disse que esse tipo de homem nega a fé e "é pior que um descrente" (1Timóteo 5.8). Esse homem é infiel. Homens fiéis trabalham arduamente para conseguir dinheiro para sustentar a mulher e os filhos, e essa é uma boa teologia.

Você quer um marido que, em primeiro lugar, seja um produtor e, em segundo lugar, um consumidor. O pastor Mark Driscoll sente um desdém saudável pela cultura dos rapazes que se recusam a produzir:

O doce alvo de *marketing* de muitas empresas são os jovens com idade entre 18 e 34 anos. Eles não sabem o que significa ser homem, e os marqueteiros, portanto, preenchem o vazio deles com produtos que definem a masculinidade por meio do que você consome, em vez de por aquilo que você produz. Os caras durões, os retrossexuais, consomem mulheres, pornografia, bebida alcoólica, drogas, televisão, música, *video games*, brinquedos, carros, esportes e fantasias com as divisões de futebol. [...] Os metrossexuais gostam das artes e são tecnólogos que consomem roupas, café descafeinado com leite, sapatos de cromo, equipamentos eletrônicos, carros (não caminhonetes), mobília, produtos para cabelo e roupa de baixo com nome de grife. [...] Espera-se que os homens sejam produtores, não apenas consumidores.[3]

Por 100 reais por mês, mantenho uma apólice de seguro de vida de 2 milhões de reais, e essa é minha conta favorita todos os meses. Dale Sanders é meu agente de seguros e prometeu que, se algo acontecer comigo, Amy terá um cheque de sete dígitos nas mãos em uma semana. Amo isso. Cuidar da minha família é a minha maior prioridade. Não quero que Amy e os meus filhos sofram dificuldades financeiras, e trabalharei arduamente para evitar isso.

Ele se submete bem à autoridade?
Você precisa saber se ele se submeterá à autoridade da igreja, dos homens mais velhos e do chefe no trabalho. Por quê? Você deveria casar com um homem que defende a repreensão, a correção e o ensino saudável. Na nossa cultura consumista, a maioria das pessoas escolhe a igreja baseada

---

[3] DRISCOLL, Mark. The world is filled with boys who can shave. **Washington Post**, 22 de agosto de 2010, disponível em: <http://onfaith.washingtonpost.com/onfaith/panelists/mark_driscoll /2010/08/the_world_is_filled_with_boys_who_can_shave.html>. Acesso em: 10 mar. 2013.

no estilo de música, na simpatia do pastor e nos ministérios estelares para os filhos. Eles ficam na igreja enquanto suas necessidades estiverem sendo satisfeitas e ninguém tentar mudar essa situação confortável. Mas como seu marido potencial reagirá quando for confrontado com o pecado? Quando o aconselhamento for necessário em seu casamento, você talvez descubra esses ingredientes. No mínimo, você pode precisar da ajuda de um pequeno grupo da igreja. Se conseguir chegar a esse ponto, o seu marido será o tipo de pessoa que só ouve o que quer ouvir? Será que ele terá coragem de se abrir quando forem reveladas frestas em sua armadura? Você desejará alguém com uma atitude de respeito em relação à autoridade e um saudável desdém pela promoção social.

Ele se enfurece com facilidade?

O texto de 1Timóteo 2.8 declara: "Quero, pois, que os homens orem em todo lugar, levantando mãos santas, sem ira e sem discussões". O caráter do homem é logo revelado pela forma com que ele lida com a raiva. A raiva, em si e por si mesma, não é pecado. É uma emoção secundária que tem origem em uma emoção primária, como o fracasso, a rejeição ou o sentimento de estar sendo julgado, controlado ou enganado. A questão não é tanto o que deixa alguém com raiva; antes, o que essa pessoa faz com a raiva. O seu cônjuge potencial sabe lidar com a raiva? Quão curto é o pavio dele? Quanto tempo ele leva para se acalmar? Ele sempre parece estar bravo com alguém ou com alguma coisa? Ele descarrega sua raiva em você?

Você jamais consegue enterrar a raiva. A raiva sempre virá à tona em outro relacionamento. Os homens tendem a trazer a raiva do trabalho para casa, para a família. Os mais próximos, em geral, recebem o tratamento mais duro. E digo muitas vezes que a raiva não resolvida é como beber veneno, esperando que outra pessoa passe mal. Case-se com um homem que sente raiva, mas resolve as coisas buscando perdão e paz consigo mesmo e com os outros. Você não quer um casamento tóxico.

Ele será um bom pai?

Faça a si mesmo as seguintes perguntas: Ele é o tipo de pessoa que provocaria raiva nos filhos (Efésios 6.4)? Ele estaria disposto a passar muito tempo com os filhos (Deuteronômio 6.7)? Ele estaria disposto a desistir de passatempos e esportes para ficar com os filhos?

A qualidade não substitui a quantidade quando se trata de tempo em família. Na antiga cultura hebraica, a educação do filho era a principal responsabilidade dos pais, e definitivamente não era a responsabilidade das instituições formais ou do governo. Os pais eram responsáveis por ensinar os filhos modelando a verdade ao compartilhar a Palavra de Deus na conversa diária e ao experimentar a vida em conjunto. Esta era considerada a melhor forma de educar os filhos: "Que todas estas palavras que hoje lhe ordeno estejam em seu coração. Ensine-as com persistência a seus filhos. Converse sobre elas quando estiver sentado em casa, quando estiver andando pelo caminho, quando se deitar e quando se levantar" (Deuteronômio 6.6,7).

O seu pretenso marido deve ser um pai amoroso e firme, que não tem medo de disciplinar quando necessário. Ele precisa estabelecer limites claramente definidos na vida em família e mantê-los firmemente.

Ele é ligado demais à mãe, aos passatempos ou aos amigos?

Ele entende o conceito de limites? Ele telefonará para a mãe toda vez que vocês dois brigarem? Muitos problemas conjugais nos primeiros anos têm origem no fato de o marido querer continuar a levar vida de solteiro. Os pais ainda compram carro, telefone ou roupas para ele? Quando ele está perto dos pais, eles claramente controlam a vida do seu potencial marido? Pais benevolentes podem destruir um casamento.

Ele tem meios para poder dizer aos pais: "Ei, agradeço a generosidade de vocês, mas não preciso de um novo telefone e, com certeza, posso comprar minhas roupas"? Homens, não esperem que seus pais estabeleçam os limites porque alguns deles não farão isso. Você deve tomar a dianteira e determinar os limites. Além disso, passar a noite com os rapazes jogando pôquer ainda é a maior prioridade dele? Ele diz coisas como: "Preciso de um tempo para mim". O que é isso, irmão! Certifique-se de que ele está pronto para amadurecer e deixar para lá o *Xbox* e os clubes noturnos que frequentava com os amigos antes do casamento.

Alerta de raposa: Homens raivosos, viciados e preguiçosos

Meninos mimados se tornam maridos ruins. Um menino que se recusa a se tornar homem não está preparado para casar. O menino que se recusa a arrumar um emprego não está preparado para casar. E o menino que se masturba vendo pornografia não é o homem com quem você quer casar. Ele traz muitas questões que impedem o florescer do casamento.

O caráter dela

Impulsionadas pelo programa de Satanás, as jovens de hoje estão sendo alimentadas com mentiras, como não casar, ser independente financeiramente e não ter filhos. Alguns denominam isso de movimento feminista. Se você permanecer solteira, será livre.

Espera-se que o casamento ou o celibato, qualquer um que se escolha, traga glória a Deus, não que alimente alguma ideia autocentrada. Rapaz, a mulher com quem você planeja se casar é influenciada pelo mundo ou por Cristo? Antes de fornecer sombra para uma mulher para a vida toda, certifique-se de que a vida dela reflete o evangelho.

Ela é uma bisbilhoteira ou uma fofoqueira maliciosa?

A ociosidade causa o pecado. Nada deixa um marido mais embaraçado do que ter uma fofoqueira descontrolada por esposa. O apóstolo Paulo disse às viúvas com menos de 60 anos para se casarem e terem filhos porque estava preocupado que a ociosidade as transformasse em bisbilhoteiras (1 Timóteo 5.9-14). Ele não queria que elas se tornassem destrutivas para outros lares. As Escrituras deixam muito claro que a boca fala daquilo que há no coração (Mateus 15.18). Se você casar com uma mulher que está constantemente depreciando os outros, esteja avisado: um dia, isso se voltará contra você: "A esposa briguenta é como o gotejar constante num dia chuvoso; detê-la é como deter o vento, como apanhar óleo com a mão" (Provérbios 27.15,16).

Ela é geniosa?

Case com uma mulher moderada. O oposto de moderada é geniosa. Com uma mulher geniosa, você nunca sabe com que está casando. Uma das coisas que amo na minha esposa é que ela é fácil de conviver. Toda mulher tem mudanças de humor (exatamente como os homens também têm), e todos nós temos altos e baixos na vida. Não estou falando de ciclos menstruais nem mesmo de questões de saúde mental, mas da maldade que pode vir de uma mulher imprudente.

Toda noite, quando estaciono o veículo na garagem de casa, sabe por que sou mais agradecido por Amy Cunningham? Ela está estável, firme. Não volto para casa à noite pensando: *Senhor, que mulher vou encontrar esta noite?* Tenho amigos que se sentem dessa maneira. Tenho amigos que estacionam à noite na garagem de casa e pensam: *Pai do céu, amo-o de todo o meu coração. Por favor, dê-me uma boa esposa esta noite.*

Não quero a geniosa. Mesmo se teve um dia longo, difícil e frustrante, Amy sabe como superar isso. Sabe por quê? Ela tem caráter e permite que Deus atue nela. (Aviso: os homens podem ser tão geniosos quanto as mulheres e têm facilidade em negligenciar os sentimentos da esposa. Não use o "teste de humor" como uma desculpa para *não* ouvir a sua esposa.)

Ela é modesta?

As mulheres se distraem da vida com Jesus quando agem sem modéstia. O apóstolo Paulo advertiu as mulheres de não permitirem que as roupas se tornassem um motivo de distração em relação ao evangelho: "Da mesma forma, quero que as mulheres se vistam modestamente, com decência e discrição, não se adornando com tranças e com ouro, nem com pérolas ou com roupas caras, mas com boas obras, como convém a mulheres que declaram adorar a Deus" (1 Timóteo 2.9,10).

Garotas, não abusem dos decotes e das fendas. Rapazes, se vocês estão interessados em uma mulher que mostra a calcinha acima do cós do *jeans* como parte de seu guarda-roupa normal, pense duas vezes. Você quer realmente estar com alguém que apresenta o corpo de um modo que desperta o desejo dos outros homens?

Esse último verão, enquanto estávamos de férias, paramos para comer em uma churrascaria japonesa. Na grelha em frente à nossa mesa, um grupo de garotas celebrava o fim do ensino médio, e aquelas meninas usavam algumas roupas questionáveis.

Olhei para minha filha de 6 anos e disse:

— Corynn, você sabe que o papai ama você, certo?

— Sei, sim, papai — disse ela.

— Quero que você olhe essas meninas bem ali e observe com muita atenção o que elas estão vestindo — disse. — Corynn, você nunca usará roupas como essas, nunca. Sabe por quê?

— Por que, papai? — perguntou ela.

— Porque o seu pai ama você — disse e continuei. — Corynn, estou triste porque acho que algumas dessas meninas têm um pai que não as ama muito. Corynn, vou continuar a dizer que a amo sem parar para que você sempre saiba disso. Essas meninas foram enganadas. Esqueceram que o vestido tem de ser alto na parte de cima e baixo na parte inferior. Elas compraram um vestido incompleto, Corynn. Ele é baixo na parte de cima e alto na parte inferior; elas deviam pegar seu dinheiro de volta. Espero que o preço que pagaram por essa roupa não tenha sido abusivo. Corynn, a roupa de baixo não é para ser vista.

Talvez você se pergunte: "Ted, você é contra *lingerie* enfeitada?". Não, absolutamente não sou. Eu amo! Elas são maravilhosas, mas você só deve vesti-las para seu marido, depois de casada. Digo regularmente à minha esposa quando ela vai à Victoria's Secret: "Não economize e encha aquela sacolinha cor-de-rosa".

Minhas caras irmãs em Cristo, por favor, prestem atenção a esse aviso. Não sou um pregador rabugento que faz barulho por nada. Digo regularmente às mulheres jovens da igreja que o que elas vestem diz muito sobre seu caráter. Deixe que o seu armário reflita o seu amor por Jesus.

Ela será uma boa mãe?

Ela quer ser mãe? Tenho muitos bons amigos que se casaram com a namorada do ensino médio assim que o concluíram e imediatamente tiveram filhos. Uma amiga em particular deu à luz o seu primeiro filho aos 19 anos. Ela ficou na mesma cidade em que crescemos e manteve muitas das amigas do ensino médio, que mantiveram o estilo de vida festivo de solteira. No começo da casa dos 20 anos, ela ia de uma boate a outra até de madrugada e, depois, ia para casa para dormir e descansar da noitada. O marido saía cedo para trabalhar, deixando o bebê deles aos cuidados da mãe de ressaca e meio adormecida. Os homens precisam largar o estilo de vida de solteiro e criar limites com a família e os amigos a fim de serem bons maridos e pais. As jovens devem fazer a mesma coisa.

Ser uma boa mãe começa por investir energia na criação dos filhos. A mulher de caráter nobre terá filhos que crescerão e a chamarão de abençoada (Provérbios 31.28).

Alerta de raposa: mulheres tagarelas, geniosas e sem modéstia

Se ela não consegue controlar a língua, se enfurece ao mais leve desacordo e se veste como se trabalhasse em uma esquina, procure uma esposa em outro lugar.

O caráter dele e o caráter dela

Ele ou ela reflete o sacrifício de Jesus?

"Portanto, sejam imitadores de Deus, como filhos amados" (Efésios 5.1). Enquanto você crescia, provavelmente houve momentos em que quis ser como os seus pais. No momento, a minha filha e o meu filho querem crescer e trabalhar na igreja. É como diz a canção *country*: "Estive observando você, papai. [...] Sou o seu vaqueiro, quero ser como você. E comer toda comida e ficar tão alto quanto você". Os meus filhos me observam todos os dias e captam o bom e o ruim da minha vida. Os meus filhos e eu passaremos uma média de três mil horas juntos por ano nos próximos anos. E os filhos se tornam grandes imitadores. De muitas maneiras, os filhos refletem os pais.

Somos chamados de imitadores do Pai celestial. Somos seus filhos. Na Bíblia, a palavra para "imitá-lo" significa copiar, reproduzir e assumir essa vida. Efésios 5.2 afirma: "E vivam em amor, como também Cristo nos amou e se entregou por nós como oferta e sacrifício de aroma agradável a Deus".

150 ♥ Jovem e apaixonado

O aroma é um sinal de que a oferta era aceitável. Lemos mais de 50 vezes no Antigo Testamento sobre essa ideia de uma oferta cujo aroma agradaria ou desagradaria a Deus. Em Malaquias 1, lemos sobre o sacrifício em que o sacerdote saiu e encontrou o cordeiro mais imperfeito. O sacerdote encontrou o cordeiro encostado na cerca, aleijado; era o cordeiro que estaria morto em algumas semanas. Então, levou esse cordeiro como sacrifício — e as Escrituras, na verdade, dizem que ele levou o sacrifício com descaso. O aroma desse sacrifício desagradou a Deus. Antes de tudo, o sacerdote podia muito bem não ter oferecido o sacrifício. Também podia apenas ter fechado as portas do templo porque essa não era uma oferta agradável a Deus. O que Cristo fez na cruz foi uma oferta cujo aroma agradou a Deus, e ele nos chama a sermos igualmente agradáveis.

Romanos 12.1 é o desafio mais citado para vivermos essa oferta agradável: "Portanto, irmãos, rogo-lhes pelas misericórdias de Deus que se ofereçam em sacrifício vivo, santo e agradável a Deus; este é o culto racional de vocês".

Norma Smalley denomina esse processo de "aspiração". Ela adora encontrar-se com pessoas e pôr sua "aspiração" em marcha acelerada. Você tem de sentir o aroma do seu cônjuge potencial. Ele ou ela é uma oferta agradável a Deus?

Ele ou ela é comprometido(a) com a pureza durante o namoro ou noivado?
O seu caráter tem de permanecer puro. Paulo disse: "Entre vocês não deve haver nem sequer menção de imoralidade sexual como também de nenhuma espécie de impureza e de cobiça; pois essas coisas não são próprias para os santos" (Efésios 5.3). Observe que esse versículo diz para nos afastarmos totalmente da imoralidade sexual. Os jovens que estão namorando sempre querem saber: "Até onde podemos ir?". Essa é a pergunta errada a ser feita. O que eles estão realmente perguntando é:

"Até onde podemos ir fisicamente no nosso namoro sem ter problemas?". Ênfase errada. Pergunta errada.

Sempre gosto de dizer aos jovens: "Trate-a como uma irmã quando vocês saem para namorar. Trate-a com o mesmo tipo de respeito. Se beijá-la, é melhor ser como se beijasse sua irmã" (1Timóteo 5.1,2). Você é mais do que bem-vindo para beijar a sua irmã na bochecha.

Eis o meu plano para o primeiro encontro de Corynn. Enquanto levo a minha filha e o par até o carro, caminharei entre eles com os braços em torno de ambos. Conforme nos aproximarmos do carro, vou beijá-lo bem nos lábios. E... digo, vou dar um beijo para valer. A seguir, direi: "Qualquer coisa que você planeje fazer com a minha filha esta noite, farei com você quando voltar. Assim, guarde bem esse aviso".

Quando você vive como um imitador de Cristo, tem de proteger o seu amor da luxúria.

Ele ou ela é ganancioso(a)?

Guarde a sua vida de qualquer tipo de "imoralidade sexual como também de nenhuma espécie de impureza e de cobiça; pois essas coisas não são próprias para os santos" (Efésio 5.3). As duas principais pedras de tropeço dos cristãos da igreja atual são o sexo e o dinheiro. Esses pecados podem tornar-se uma fortaleza na nossa vida. O sexo e o dinheiro não são maus nem malignos. No entanto, quando pervertemos o sexo e amamos o dinheiro, perdemos a nossa integridade.

A ganância destrói o casamento quando o jovem casal começa a gastar mais dinheiro do que ganha. Na maioria dos casamentos entre jovens, a renda é baixa, mas o estilo de vida pode sair rapidamente do controle quando as altas expectativas provocam gasto em excesso.

A dívida é estressante. Escraviza o casal e desenvolve o ódio deles em relação a Deus: "Ninguém pode servir a dois senhores; pois odiará

152 ♥ Jovem e apaixonado

um e amará o outro, ou se dedicará a um e desprezará o outro. Vocês não podem servir a Deus e ao Dinheiro" (Mateus 6.24).

A boca dele ou dela reflete Cristo?

"Não haja obscenidade, nem conversas tolas, nem gracejos imorais, que são inconvenientes, mas, ao invés disso, ações de graças" (Efésios 5.4). Quando abrimos a boca, temos de refletir o sacrifício de Cristo. A Bíblia ensina que as nossas palavras fluem do nosso coração; assim, se você quiser conhecer o caráter de uma pessoa, ouça as palavras dela. A língua diz tudo:

> Todos tropeçamos de muitas maneiras. Se alguém não tropeça no falar, tal homem é perfeito, sendo também capaz de dominar todo o seu corpo.
>
> Quando colocamos freios na boca dos cavalos para que eles nos obedeçam, podemos controlar o animal todo. Tomem também como exemplo os navios; embora sejam tão grandes e impelidos por fortes ventos, são dirigidos por um leme muito pequeno, conforme a vontade do piloto. Semelhantemente, a língua é um pequeno órgão do corpo, mas se vangloria de grandes coisas. Vejam como um grande bosque é incendiado por uma simples fagulha. Assim também, a língua é um fogo; é um mundo de iniquidade. Colocada entre os membros do nosso corpo, contamina a pessoa por inteiro, incendeia todo o curso de sua vida, sendo ela mesma incendiada pelo inferno (Tiago 3.2-6).

Os amigos mais íntimos dele ou dela refletem Cristo?

Você e eu sabemos a diferença entre os amigos e os colegas que nos influenciam e aqueles que influenciamos. O meu amigo Rick Rigsby ama dizer aos jovens: "Se você é o seguidor mais firme de Cristo entre seus amigos, então precisa de novos amigos". Todos nós tendemos a assumir o estilo de vida e os padrões daqueles com quem convivemos. As nossas brincadeiras espelham as deles. A nossa linguagem espelha a deles. Que fazer então? Afastar-me do mundo? Não, de jeito nenhum. Jesus encorajou os discípulos a serem amigos de pecadores, e Jesus era amigo de pecadores. Mas há uma diferença entre amizade com o propósito de conduzir uma pessoa a Jesus e, por assim dizer, ser parceiro de crime. Paulo disse: "Não participem" (Efésios 5.7) com aqueles que o *afastam* de Cristo. Assim, onde estão os seus amigos íntimos e colegas neste momento? Estão levando você em direção ao mundo ou em direção a Cristo? O que os seus amigos mais íntimos dizem sobre o seu caráter?

O aconselhamento pré-marital

Você quer que os seus pais, familiares e amigos levem a sério o casamento de jovens? Prove isso com o seu caráter. Paulo instruiu o jovem Timóteo a não deixar que o desprezassem por causa de sua pouca idade. Ele desafiou Timóteo a ser "um exemplo para os fiéis na palavra, no procedimento, no amor, na fé e na pureza" (1Timóteo 4.12). Da mesma maneira, o modo de você falar, comportar-se de forma madura, amar aos outros, praticar a fé e se comprometer com a pureza sexual clama com veemência o seguinte: "Posso ser levado a sério!". Certifique-se de que tudo na sua vida modele o evangelho. Se você namora alguém que reflete Jesus em sua fala, vida, amor, fé e pureza, então aconselho você a se casar. O dinheiro, a compatibilidade e as diferenças irreconciliáveis são os motivos comuns que os casais usam para justificar o divórcio. Raramente você ouve a integridade ser usada como um motivo para o divórcio. A maioria dos cônjuges sai do casamento porque lhes falta caráter, mas não permita que seja você a fazer isso. Não se case com alguém com baixo grau de caráter e integridade.

Teria sido bom que Amy e eu tivéssemos contratado um inspetor profissional de árvores para verificar a árvore oca da nossa propriedade. Fizemos todo o resto certo. Seguimos o orçamento e os prazos e concluímos uma bonita casa. Se tivéssemos consultado um empreiteiro geral, alguém com mais experiência e entendimento do processo de construção, teríamos economizado tempo, dinheiro e dor de cabeça.

Também precisamos de um inspetor. Procure um pastor, um conselheiro, um líder de estudo da Bíblia, um presbítero ou um diácono para se sentar com você e sua namorada, ou namorado, e inspecionar o caráter de vocês. Seu "afobamento" leva você muito perto da floresta, impedindo-o de ver as árvores; ou seja, impedindo-o de ver os detalhes importantes. Você precisa do conselho de alguém que seja objetivo e não fique impressionado com facilidade para o ajudar a tomar a decisão certa. Se um de vocês se recusar a passar por esse tipo de exame, esse é um grande aviso de perigo! A rejeição do aconselhamento pré-conjugal ou do conselho de presbíteros, com frequência, é um sinal de arrogância e pode indicar falta de caráter.

Um homem ou mulher de Deus confiável ajuda a assegurar que você pode esperar por seu cônjuge no dia do seu casamento da mesma maneira que a sulamita esperou por Salomão. O caráter dele foi o primeiro atributo que ela evocou enquanto o via a distância. Quando Salomão se aproximou da sulamita, ela disse: "O que vem subindo do deserto, como uma coluna de fumaça, perfumado com mirra e incenso com extrato de todas as especiarias dos mercadores?" (Cântico dos Cânticos 3.6). A sulamita usou uma poderosa imagem do Antigo Testamento para falar sobre o caráter do seu noivo.

Os filhos de Israel vaguearam pelo deserto durante quarenta anos. Durante esse tempo, eles foram guiados pelo Espírito de Deus, que se manifestou na forma de uma nuvem de dia e uma coluna de fogo à noite. Assim, aqui nessa passagem de Cântico dos Cânticos, observamos uma alusão ao Espírito de Deus. Além disso, a união desse casal pelo Deus todo-poderoso, com certeza, recebeu o reconhecimento público no dia do casamento. Em outras palavras, o casamento deles apontava para o Espírito de Deus, que os conduziu a esse dia, e nisso eles reconheceram que Deus era o autor do relacionamento.

O casamento é uma aliança sagrada e também um acordo legal, público, que expressa o compromisso real de permanecer unidos. Da mesma maneira que você não assinaria na linha pontilhada se soubesse que o vendedor do carro era suspeito, mais definitivamente ainda não deve assinar nada se acha que a pessoa com quem está casando tem o caráter frágil. Um carro usado pode ser vendido depois de alguns anos. O casamento é para a vida toda.

Diário de *Jovem e apaixonado*

Ele é um homem de uma só mulher?

Ele é um cara trabalhador?

Ele respeita a autoridade?

Ele fica com raiva facilmente?

Ele será um bom pai?

Ele é ligado demais à mãe, aos passatempos ou aos amigos?

Ela é uma bisbilhoteira ou uma fofoqueira maliciosa?

Ela é geniosa?

Ela é modesta?

Ela será uma boa mãe?

Ele ou ela reflete o sacrifício de Jesus?

Ele ou ela está comprometido(a) com a pureza durante o namoro ou o noivado?

Ele ou ela é ganancioso(a)?

A boca dele ou dela reflete Cristo?

Os amigos mais íntimos dele ou dela refletem Cristo?

Alerta de raposa: evitação

Você teve alguma reação séria com as perguntas do diário? Se esse for o caso, você precisa superá-las e buscar um pouco mais abaixo da superfície. É aí que um pastor ou um conselheiro confiável pode realmente ajudar. Os líderes treinados, com frequência, sabem quando alguém tenta evitar uma questão. Evitar dar uma resposta direta a uma pergunta, em geral, significa que a pessoa está tentando esconder alguma coisa (muitos políticos dominam essa estratégia).

Capítulo 9

Química

♥

Minha pomba que está
nas fendas da rocha,
nos esconderijos,
nas encostas dos montes,
mostre-me seu rosto,
deixe-me ouvir sua voz;
pois a sua voz é suave
e o seu rosto é lindo.

— Cântico dos Cânticos 2.14

Os opostos se atraem? Devo procurar compatibilidade? Como pesamos todos os nossos gostos e antipatias? O que é mais importante quando se trata de encontrar "a pessoa": as semelhanças ou as diferenças?

Todas essas perguntas são secundárias às perguntas de caráter que vimos no capítulo anterior. A fé, a pureza, a integridade e o compromisso sempre ultrapassam a busca de química e compatibilidade. A busca do par certo é menos complicada do que gostamos de admitir.

O desafio da química afeta todas as idades e todos os casais e parece ser um dos motivos apresentados com mais frequência para o fracasso do casamento entre jovens. Quando encontro uma jovem no começo da casa dos 20 anos à procura do divórcio, o diálogo, em geral, é algo assim:

— Ele está mudado — diz ela.

— Mudado como? — pergunto.

— Simplesmente não é mais o mesmo cara com quem me casei — insiste ela.

No fim, ela me diz que ele está mudado de muitas maneiras, mas os motivos, em geral, são simples. Primeiro, ele pode estar amadurecendo e aceitando mais responsabilidade — e, nesse caso, pode não parecer mais tão divertido quanto era quando ela o conheceu. Ele está afastando-se do excesso de privilégio e abraçando a responsabilidade. Isso provavelmente fala mais sobre o caráter dela, a resistência à mudança e o desejo de não amadurecer que sobre o caráter dele.

Segundo, ele pode não estar mudando de maneira alguma, mas agora ela está apenas percebendo como ele realmente é. Nesse caso, está sendo pedido a ela que o aceite, com seus segredos e todo o resto. E, mais uma vez, isso fala sobre a maturidade dela, não sobre a sua compatibilidade com o marido.

Espero que ambos mudem ao casarem. O crescimento é algo que o casal *deve* experimentar ao longo da vida. O caso mais extremo de desafio da química acontece quando duas pessoas se casam antes da conversão e, depois, um dos cônjuges entrega a vida a Cristo. Esse é um desafio maior do que um batista casar com uma carismática ou um metodista casar com uma presbiteriana. Um cristão e um não cristão juntos apresentam a questão de jugo desigual, e, portanto, um casamento que não combina. Nessa situação, a Bíblia ensina claramente que aquele que se converteu não deve deixar o descrente; ao contrário, ele ou ela deve permanecer e ser uma testemunha piedosa para seu cônjuge (1Coríntios 7.12-14; 1Pedro 3.1-6).

Se Deus não espera que um cristão casado deixe um não cristão, por comparação, então todas as outras formas de mudança na química em um relacionamento parecem triviais. Você precisa preparar-se para as mudanças na química e para mais pressões que surgirão na sua vida. Os filhos, a casa, as contas, a igreja, os amigos, os sogros e o trabalho afetam a química do casal. À medida que esses novos elementos são acrescentados à situação, procure manter vivas as coisas fundamentais dos anos de namoro.

Boa parte da experiência de namoro diz respeito à *curiosidade* e ao *fascínio*. Você passa horas incontáveis tentando conhecer a amada, fazendo grandes perguntas e aprofundando-se nas questões do coração. Em Cântico dos Cânticos, o rei Salomão pintou uma maravilhosa imagem desse estágio do amor:

> Minha pomba que está
> nas fendas da rocha,
> nos esconderijos,
> nas encostas dos montes,
> mostre-me seu rosto,
> deixe-me ouvir sua voz;
> pois a sua voz é suave
> e o seu rosto é lindo
> (Cântico dos Cânticos 2.14).

Salomão está dizendo: "Quero conhecer você". Ele amava quando sua amada compartilhava seu ser com ele. À medida que descobrir novos elementos na química do seu casamento, continue a viver com admiração e fascínio pelo outro, em vez de com julgamento.

Há boas chances de que você se case com alguém muito diferente de você. É provável que você reaja às situações e às pessoas de maneira muito distinta. No entanto, quando você entende a maneira pela qual você e seu cônjuge estão conectados, consegue recuperar-se mais rapidamente das discussões e estabelecer uma harmonia duradoura.

A maioria dos casais que encontro em aconselhamento luta para encontrar um território comum para suas diferenças. Lembre-se, as diferenças, com frequência, permanecem adormecidas durante os anos de namoro e só vêm à superfície depois que você começar a sentir a tensão das atividades cotidianas da vida. Trabalhamos com muitos casais fazendo que os dois entendam a personalidade natural do par. Ao mesmo tempo, cada pessoa tem de resistir à tentação de mudar o modo em que Deus criou o cônjuge. Em vez disso, encorajamos os casais a começarem a equilibrar a própria personalidade enquanto descobrem meios de aceitar seu par.

As quatro personalidades

A maioria das pessoas tende a mesclar dois ou mais dos quatro tipos básicos de personalidade.[1] Eles podem ter um traço de personalidade dominante, mas isso, em geral, está combinado com um segundo tipo. Independentemente de que combinações de personalidade estão presentes no seu casamento, você pode aprender habilidades para desfrutar um casamento feliz, produtivo e satisfatório. E aprender sobre esses tipos de personalidade no começo do casamento pode evitar muita dor de cabeça.

---

[1] Adaptado dos quatro tipos de personalidade animal — do leão, da lontra, do perdigueiro e do castor — em SMALLEY, Gary; TRENT, John, PhD. **The Two Sides of Love**. Carol Stream, IL: Tyndale, 1999.

A personalidade precisa

A *personalidade precisa* ama os números e faz que as coisas funcionem bem. Essa pessoa presta atenção às estatísticas e gosta de manter o orçamento e o talão de cheques contabilizado. Ama avaliar e comparar coisas, e a maioria das questões é claramente algo entre branco e preto, sem nenhum tom de cinza. Ele ou ela está constantemente analisando os pormenores de uma situação e lhe dirá alegre o que você fez errado e, em geral, como fazer melhor. A personalidade precisa ajuda a dirigir organizações de forma eficaz e eficiente.

Pessoas com personalidade precisa valorizam a exatidão, os detalhes, a correção e o discernimento. Com frequência, são ótimos ouvintes. Se não tiverem cuidado, podem ser muito críticos e controladores na busca por perfeição. Quando alguém omite os detalhes, eles presumem que a pessoa esteja mentindo.

Se você estiver pensando em se casar com alguém com personalidade precisa, planeje dar-lhe tantos detalhes quanto possível. Mesmo quando você acha que os detalhes são desnecessários, passe essa informação para ele ou ela assim mesmo, porque essa atitude demonstra que você se importa.

A personalidade que busca agradar

A *personalidade que busca agradar* é calorosa e relacional e tende a ser extremamente leal. Esse tipo de personalidade mantém um senso de calma nas situações mais estressantes e tem um talento especial e natural para ser um pacificador. A *personalidade que busca agradar*, com frequência, está preocupada com a dinâmica de grupo e a atmosfera do ambiente. Mais que tudo, ele ou ela quer ter certeza de que tudo e todos estão bem.

O mundo é um lugar melhor por causa daqueles com *personalidade que busca agradar*. Eles tendem a ser o fator unificador que mantém juntas as pessoas e as organizações. São rápidos em receber bem, servir e abraçar os outros, e valorizam a paz, a lealdade e a rotina. Se não tomarem cuidado, podem ser facilmente feridos. Tendem a levar as coisas para o lado pessoal.

Se você planeja se casar com uma *personalidade que busca agradar*, tenha cuidado com os sentimentos dela ou dele. Pode-se tirar vantagem daqueles com *personalidade que busca agradar*, portanto você deve valorizar a lealdade deles. Se o seu cônjuge não abraça todos os seus amigos, não é porque ele ou ela ache que os seus amigos são más pessoas. Aqueles com *personalidade que busca agradar* preferem aprofundar o relacionamento com menos pessoas, em vez de ter um relacionamento superficial com muitos. Assim, não espere que o seu cônjuge seja a alma da festa.

A personalidade festiva

A *personalidade festiva* se relaciona à diversão e anima você nas suas atividades. Logo antes de participar de uma atividade perigosa, os que têm essa personalidade dizem: "Ei, veja isso". Eles amam a atenção dos outros.

As *personalidades festivas* estão sempre em movimento, prontas para tentar um novo esporte, pular de um avião ou assistir a um concerto — *sempre no último minuto*. Ao longo do caminho, essas pessoas certificam-se de que a risada seja alta e de que todos ouçam algumas de suas melhores histórias. Elas são extremamente otimistas, dinâmicas, sonhadoras e motivadoras. Estão sempre imaginando o que poderia ser feito, bem como quanto seria divertido! Tendem a surgir com grandes ideias e amam ser espontâneas.

Infelizmente, tanto quanto é agradável estar perto de personalidades festivas, essas pessoas também têm pontos cegos — como quando se trata de realizar o trabalho necessário para fazer a festa acontecer. Embora amem ser o centro das atenções em uma festa, isso não significa que serão os que farão a festa! Sua capacidade organizacional, com frequência, deixa muito a desejar, e toda a animação envolvida pode ser um tanto ditatorial. Apesar de elas terem muito a dizer quando se trata de tomar decisão, podem estar ocupadas demais para completar o trabalho.

Se você planeja se casar com uma *personalidade festiva,* tenha cuidado para não levar tudo muito a sério. Podemos todos relaxar um pouco, e a *personalidade festiva* nos lembra de fazer isso. Evite depreciar esse tipo de personalidade com palavras como: "Por favor, fale sério uma vez na vida!" ou "Por que você nunca leva as coisas a sério?".

A personalidade poderosa

A *personalidade poderosa* adora tomar decisões. Esses indivíduos são orientados para a tarefa e focados em ter as coisas feitas. Essa, por acaso, é a minha personalidade. A *personalidade poderosa* adianta-se naturalmente às oportunidades de liderança. Esses indivíduos são rápidos em pegar as rédeas de um projeto ou atividade e não têm medo de competição ou confrontação.

As pessoas com *personalidade poderosa* tendem a ver os relacionamentos da seguinte forma: *Sou seu treinador, não seu amigo.* Tendem a ter altas expectativas consigo mesmas e com os outros. Não temem manifestar-se e estão dispostas a fazer o que for necessário para garantir que o trabalho seja concluído.

A *personalidade poderosa,* se não for controlada, tendem naturalmente a pensar: *Tem de ser do meu jeito ou nada feito.* Ele ou ela, como resultado, pode solapar os relacionamentos na comunidade ou no ambiente de trabalho. Se uma *personalidade poderosa* fica fora de equilíbrio, ele ou ela pode usar sua entusiástica capacidade de liderança para passar por cima dos outros ou intimidá-los. O resultado pode causar muito dano relacional.

Se você planeja se casar com uma *personalidade poderosa*, lembre-se de economizar dinheiro para aconselhamento. Estou brincando, *até certo ponto*. As minhas entrevistas de aconselhamento mais difíceis são com casais que têm, ambos, *personalidade poderosa*. Isso é que uma tremenda batalha de vontades. É como colocar dois leões juntos em uma jaula e, com frequência, parece que só um vai sair vivo.

Respeite as diferenças

Lembre-se, você não tem o melhor tipo de personalidade. Todos os quatro são ótimos! Perceba que você é realmente diferente do seu cônjuge — e isso é bom! Reserve um momento para ler Salmos 139.13-16:

> Tu criaste o íntimo do meu ser
> e me teceste no ventre de minha mãe.
> Eu te louvo porque me fizeste
> de modo especial e admirável.
> Tuas obras são maravilhosas!
> Digo isso com convicção.
> Meus ossos não estavam escondidos de ti
> quando em secreto fui formado
> e entretecido como nas profundezas da terra.
> Os teus olhos viram o meu embrião;
> todos os dias determinados para mim
> foram escritos no teu livro
> antes de qualquer deles existir.

Quando você honra e estima alguém como uma criação única e muitíssimo valiosa, não consegue deixar de aperfeiçoar o seu relacionamento com essa pessoa. Honrar e respeitar alguém é simplesmente vê-lo como autografado pessoalmente por Deus. Romanos 15.7

informa: "Portanto, aceitem-se uns aos outros, da mesma forma que Cristo os aceitou, a fim de que vocês glorifiquem a Deus". Em outras palavras, Deus se alegra quando você honra os outros e a si mesmo.

Personalidade precisa, lembre-se de que você, às vezes, tem de seguir em frente sem calcular tudo com perfeição. Talvez você precise completar um projeto ou uma tarefa caseira, mesmo que a coisa toda não esteja perfeita. Ainda quando você se sente desconfortável, precisa arriscar-se e até mesmo abraçar a aventura. Não espere que o seu cônjuge compartilhe todos os detalhes do dia. E, sem dúvida, lembre-se de que ele ou ela não está mentindo quando omite alguns detalhes. Esforce-se para não levar você nem a vida a sério demais.

Personalidade que busca agradar, você precisa ter cuidado para não demonstrar claramente os seus sentimentos. As pessoas, incluindo o seu par, podem tirar vantagem disso, inconscientemente ou não. Libere as mágoas passadas e deixe o seu cônjuge livre dos erros passados. Aprenda a tomar decisões em meio à incerteza a respeito do que é melhor para todos. Diversifique e conheça novas pessoas.

Personalidade festiva, aprenda a persistir nas suas ideias e, em especial, nos seus compromissos. Se você for a uma loja comprar ferramentas para fazer um projeto na casa, conclua o projeto. Se não persistir, você deixará a *personalidade precisa* maluca e frustrará a *personalidade poderosa*. Lembre-se: só porque acabou a diversão, isso não quer dizer que o projeto está pronto.

Personalidade poderosa, aprenda a acrescentar brandura à sua personalidade. Estude maneiras de se tornar um ouvinte melhor e observe que nem toda declaração precisa de uma resposta. Suavize as suas palavras com amor e modere o seu tom com gentileza. Procure oportunidades para considerar o sentimento dos outros.

Leva tempo para aprender a respeitar as diferenças de personalidade, em especial no casamento. Isso não acontece da noite para o dia e exige inúmeras tentativas e erros antes que comece realmente a funcionar. Talvez você ache que está fazendo algo que o seu cônjuge amaria quando, na verdade, você o está deixando maluco! Esses momentos se tornam memórias em um álbum que, nos anos por vir, propiciam muitas risadas (embora provavelmente não sejam divertidos agora).

Efésios 4.2 afirma: "Sejam completamente humildes e dóceis, e sejam pacientes, suportando uns aos outros com amor". Quando você pratica esse versículo no casamento, o seu relacionamento não pode deixar de sair fortalecido. Ao mesmo tempo, você descobre que o hiato entre a personalidade de vocês dois diminui à medida que aprendem a amar um ao outro de forma mais profunda.

Quero trabalhar todos os dias para trazer equilíbrio à minha personalidade. Não quero ficar fora de equilíbrio. Não quero ser conhecido como alguém controlador, detestável ou exigente, e não quero ser um mau ouvinte. Quem quer esse rótulo? Ninguém! Por isso, precisamos aprender a buscar o equilíbrio — crescer em humildade, gentileza, paciência e amor. Na verdade, quando o fruto do Espírito Santo é cultivado na nossa vida, não podemos deixar de nos tornar mais graciosos com os outros.

A Bela Adormecida, Cinderela e Branca da Neve passaram por alguns momentos difíceis antes de alcançar aquele final — felizes para sempre. E sabe do que mais? O seu casamento também passará por altos e baixos.

A maioria de nós entra na idade adulta com uma percepção distorcida do que é um relacionamento amoroso saudável. Os nossos modelos de amor, com frequência, vêm de canções, livros, amigos, filmes ou televisão, alguns dos quais descrevem o amor como uma explosão rápida, avassaladora, intensa, romântica e sempre recompensadora. Mas esses modelos só mostram um estágio do amor, o primeiro estágio da paixão cega, causada pela química. Os bons casamentos contêm muitos mais elementos que a mera paixão cega, mas os amantes de muitos dos nossos livros e filmes nunca atingem esse estágio nas histórias para vermos esses elementos desenvolvidos. Em geral, não sabemos se os amantes ficaram juntos tempo suficiente para determinar se estavam comprometidos a longo prazo. Vemos uma hora e meia de duas pessoas enfrentando mal-entendidos e frustrações até saírem romanticamente no pôr do sol. Nunca sabemos o que acontece a seguir.

Essas imagens de amor nos transmitem conceitos equivocados sobre o que constitui um relacionamento, como:

- Paixão é igual a amor.
- O meu amante pode satisfazer todas as minhas necessidades e me fazer feliz.
- Uma vez que o amor acaba, não se pode consegui-lo de volta.
- A química é tudo o que interessa.
- O amor conquista tudo.
- Quando as coisas ficam difíceis, isso significa que você está com o parceiro errado.
- Uma vez que você está apaixonado, fica entusiasmado e empolgado para sempre.
- O amor é um sentimento — ou você o tem ou não o tem.

Tudo isso é mentira ou, na melhor das hipóteses, um grosseiro equívoco quanto à verdadeira natureza do amor. No fim, todos os casamentos saem do pico da paixão cega, mas isso não significa que o amor acabou. Não, de forma alguma! Na verdade, talvez esse seja exatamente o início do amor. O verdadeiro amor aprende a ser gentil e humilde e também a respeitar quando alguém critica você da forma errada ou faz algo de que você não gosta.

Personalidade poderosa *versus* personalidade que busca agradar

Tenho a *personalidade poderosa,* e Amy é a *personalidade que busca agradar.* A diferença entre as nossas personalidades quase impediu o nosso casamento. Nunca tivemos dúvidas sobre o casamento até que fomos para o México em uma viagem missionária na primavera de 1996.

Liderei um grupo de dez universitários em uma viagem para reformar um orfanato fora da Cidade do México. Uma vez que chegássemos ao lugar do orfanato, teríamos cinco dias para comprar suprimentos, erguer algumas das principais paredes, construir um banheiro e pintar um total de cinco quartos. Com certeza, para estudantes pouco habilidosos, como eu era na época, é muito trabalho para realizar em poucos dias. Projetos como esses são perfeitos para a *personalidade poderosa,* mas podem ser terrível para os participantes.

Progredíamos bastante na construção quando, um dia, um dos estudantes se aproximou de mim com um pedido que tentou dissimular como uma declaração.

— Oi, Ted — começou Tony —, conversei com alguns rapazes do nosso grupo e decidimos tirar um dia de folga e ir à cidade para nos divertirmos um pouco.

Tony era o estudante mais velho do grupo e, na minha opinião, ele já havia prolongado demais sua adolescência. Mesmo sendo dez anos mais novo, eu estava preparado para cortá-lo. Ele era um cara divertido, mas trabalho e responsabilidade não eram seu forte.

— Tony, se você tirar o dia de folga, não conseguiremos terminar o projeto — respondi.

Com isso, levantei-me da mesa de café da manhã e comecei a trabalhar freneticamente sozinho. Amy se levantou também e me perguntou o que estava acontecendo. Fiquei furioso com Tony e senti que estava a ponto de explodir; assim, a fim de me acalmar, afastei-me e fiquei de boca fechada.

Essa foi a primeira vez que Amy me viu em um papel de liderança e ficou chocada quando me assistiu colocando Tony no devido lugar. Na minha opinião, estávamos no México para trabalhar, não para brincar, e a diversão só viria depois que o trabalho tivesse sido feito. Mais tarde, reuni o grupo, proferi o meu pequeno discurso e fiz todo mundo voltar ao trabalho.

Quando paramos de trabalhar naquele dia, Amy e eu nos descobrimos sentados em um antigo sofá no sótão do orfanato. Eu podia ver que ela estava pensando em terminar o nosso relacionamento e conversamos durante bastante tempo. As coisas estavam críticas, mas lembrei-lhe de que o motim havia sido evitado. O dia tinha sido um choque, dando-lhe uma percepção de com que tipo de pessoa ela teria de lidar ao casar com um pastor, ao casar comigo.

A química ainda está presente no nosso casamento. Quando Amy e eu queremos fazer uma refeição rápida, pergunto aonde ela quer ir e, uma vez na vida, em geral, ela fica feliz com qualquer coisa. A única vez que ela realmente discorda é quando vamos ao mesmo restaurante pela décima segunda vez consecutiva. As personalidades poderosas amam a rotina. Então, ela me lembra que estamos caindo na rotina, e preciso desse lembrete!

Diário de *Jovem e apaixonado*

Que personalidade melhor descreve você?

Que personalidade descreve melhor a pessoa que você está namorando ou com quem você está prestes a se casar?

O que será necessário para equilibrar a personalidade de vocês?

O que você prevê como o maior "atrito" ou fonte de tensão?

Você está preparado para as inevitáveis mudanças que você e o seu cônjuge experimentarão no casamento? O que você pode fazer agora para se preparar?

Alerta de raposa: o dever e a responsabilidade

Não permita que o dever e a responsabilidade sobrepujem a curiosidade e o fascínio no seu casamento. Se você não tiver cuidado, usará pretextos como pagar as contas, sair com os amigos ou ter de trabalhar como uma desculpa para manter o vazio de intimidade que se instalou no seu casamento. Continue a fazer grandes perguntas ao seu cônjuge.

Capítulo 10

Competência

E o enchi do Espírito de Deus, dando-lhe destreza,
habilidade e plena capacidade artística.

— Êxodo 31.3

Michael acha que trabalhar no cinema ou na lanchonete não é digno o bastante para ele. Ele tem 16 anos e está esperando uma posição mais lucrativa e com um bom pacote de benefícios. Shane começou sua própria empresa aos 12 anos e agora tem um lucro livre de R$ 3 mil por mês vendendo camisetas *on-line*. Está com 19 anos e paga a própria faculdade. O pai de Sara lhe disse que ela precisava conseguir um emprego quando estivesse na faculdade a fim de aprender a ter responsabilidade. O pai paga por sua instrução, quarto, alimentos, livros e despesas com o carro, como seguro e combustível. Sara só trabalha para ter um dinheiro extra. Leighann frequenta o College of the Ozarks, cumprindo 15 horas de crédito de aulas por semestre e trabalhando 15 horas por semana para

174 ♥ Jovem e apaixonado

cobrir os custos de sua instrução, além das 20 horas que trabalha fora do *campus* para cobrir outras despesas. Ela tem 21 anos.

Eu amo esse ingrediente!

Adoro encorajar os casais jovens a serem criativos e encontrar formas singulares de ganhar a vida nos primeiros anos do casamento. Para a maioria dos jovens com quem trabalho hoje, sou o primeiro a pintar um futuro especial para eles. Os pais, ao não conseguirem realizar os sonhos infantis de enviar os filhos para a NBA [Federação Nacional de Basquete] ou para a NFL [Liga Nacional de Futebol] ou para a Cidade de Nova York como *designer* de moda, costumam mandar os filhos para a faculdade. Mas a maioria dos jovens é enviada para o mundo com pouca capacidade de trabalho e baixo potencial de renda. E, quando você cresce com privilégios demais, o chamado da responsabilidade pode ser brutal. A competência é a medida da sua capacidade, do seu futuro potencial de renda e do número de oportunidades potenciais para você.

Rick e Kim

Rick vivia em Illinois; e Kim, no Missouri. Ele era um operário trabalhador, e Kim era uma líder de ministério bem-sucedida. Eles se apaixonaram e planejavam casar, mas houve complicações. Diversos membros do conselho de Kim expressaram preocupação de que ela estivesse entrando em um casamento ruim. Esse não era o primeiro casamento da jovem, e eles estavam preocupados que ela estivesse antecipando um fracasso ao apressar o casamento.

Fui chamado para participar de uma reunião com Kim e dois membros do conselho. Uma vez que os três eram membros da minha igreja e eu tinha participado do aconselhamento pré-marital de Kim, esperava por essa oportunidade para ajudar. Aparentemente, Kim e um dos ministros do conselho tinham tentado conversar sobre o casamento em um almoço recente, e a reunião chegou a um ponto crítico. Eles precisavam de um mediador.

Quando começamos a reunião, dava para sentir a tensão na sala. Então resolvi dar nome aos bois:

— Por que Kim não deve casar com Rick? — perguntei.

— Ted, não quero ver Kim fracassar de novo e sinto como se ela estivesse deixando que o seu intenso desejo de ter um homem em sua vida atrapalhe seu julgamento — respondeu um dos membros do conselho.

O coração por trás de sua resposta transmitiu um claro amor por Kim, e não vi agendas ocultas nem egos secretos na resposta dela. Após alguns minutos de idas e vindas e validação do sentimento de todos os envolvidos, pedi permissão para ajudar o grupo a entender melhor a decisão de Kim pelo casamento, utilizando os quatro ingredientes que estamos abordando neste livro. O grupo concordou com o exercício.

Na lousa no canto da sala, escrevi quatro simples palavras: *Caráter, química, competência, chamado.*

Eu sabia que Rick estava sendo questionado pelos membros do conselho; assim, na ausência do futuro marido, eu precisava responder por ele. Comecei fazendo uma pergunta:

— Existe alguma coisa no caráter de Rick que temos de questionar? Ele é um seguidor de Jesus profundamente comprometido? Ele tem algum vício que precisa ser discutido? É uma pessoa raivosa? É trabalhador?

Todos nós suspiramos e, a seguir, pusemos um sinal de OK ao lado da palavra "caráter". Eu estava aliviado. Quanto mais conversávamos sobre Rick, mais gostávamos dele. Assim, continuei.

— A seguir, vem química. Kim, vocês se dão bem? Quais são os conflitos que vocês enfrentam?

Dedicamos alguns minutos examinando a forte *personalidade poderosa* de Kim e a *personalidade que busca agradar* de Rick e as dificuldades que eles teriam de superar, mas os dois membros do conselho não viram motivo bíblico relacionado a química que impedisse os dois de se casarem. Pusemos um sinal de OK ao lado da palavra "química" e estávamos a meio caminho de casa.

O item competência nos levou a algo inesperado.

Um dos membros do conselho levantou a voz e disse:

— Ted, é a única coisa que vou dizer: Kim, uma mulher com altas qualificações educacionais, terá problemas ao casar com um rapaz sem instrução. Essa situação apresentará alguns problemas que Kim não está considerando.

Esse era o ponto de discórdia para os membros do conselho, e Kim ficou bastante emocional a respeito dessa declaração. Como resultado, passamos a maior parte do tempo discutindo esse ingrediente particular. Kim estava sendo acusada de casar com alguém inferior a ela.

Fiz um firme apelo sobre a ausência de apoio bíblico para alguém desistir de um casamento baseado no conjunto de habilidades ou qualificações acadêmicas do cônjuge potencial. Contudo, a competência tem muitos fatores a serem considerados.

Casar com alguém com *habilidades especializadas* pode exigir que o casal mude para onde existe trabalho. Os pescadores de caranguejo, biólogos marinhos, fazendeiros e guardas florestais estão regionalmente limitados ao local em que suas habilidades podem ser usadas. Algumas habilidades — como a dos técnicos esportivos, professores e oficiais da lei — têm oportunidades limitadas em determinados locais. Nesse caso particular, Rick é habilidoso em estofamento, e Branson é uma cidade de apenas 6 mil habitantes. Portanto, seria difícil fazer dinheiro forrando mobílias e assentos de carros em uma cidade tão pequena quanto a nossa. Em última instância, isso podia afetar o trabalho de Kim,

Competência ♥ 177

e talvez eles tivessem de mudar para que ele encontrasse trabalho. Ou ele precisaria aprender um novo ofício.

No entanto, casar com alguém com muitos diplomas também não garante uma renda. Por exemplo, é mais fácil achar trabalho em Branson para alguém com habilidade gerencial que para alguém que acabou de receber o diploma de bacharel em psicologia. O fato é que Rick pode ter um potencial de renda maior que o de Kim. Se ele aprender um novo ofício, pode ganhar o dobro do que Kim ganha como líder de uma organização sem fins lucrativos.

Casar com alguém que tenha habilidades vocacionais excepcionais, mas sem habilidade social, pode garantir uma boa renda, mas provoca outras batalhas. Tenho um casal de amigos médicos que realizam cirurgias complicadas durante o dia, mas têm dificuldade de se conectar durante o jantar.

Kim casaria com um rapaz competente que tinha habilidades especializadas e a disposição de aprender novos ofícios. Pusemos um sinal de OK nesse ingrediente. Grande parte da nossa conversa sobre competência misturou-se com o quarto ingrediente — *chamado*.

Ao final da nossa conversa, terminamos com quatro marcas de OK. Rick e Kim sentam-se à minha direita na segunda fila da Woodland Hills Family Church todas as manhãs de domingo. Deus abençoa o casamento deles, e amamos tanto o Rick que o empregamos por meio período na igreja. Ele é habilidoso em muitas áreas e trabalha na nossa equipe de manutenção.

Amy e eu

Da mesma maneira que os colegas de Kim fizeram, alguém desafiou o meu amor por Amy sobre a questão de competência. Nunca nos meus sonhos mais loucos imaginei me afastar da minha amada simplesmente porque ela não tinha habilidade com o computador. Mas essa era a questão. Amy tinha tantas qualidades maravilhosas quando namorávamos, mas aparentemente não brilhava no laboratório de computação. Um professor e mentor meu da Liberty me ensinou a matéria mais temida. Não importava no que quisesse graduar-se, todo aluno tinha de estudar Negócios. Essa aula era uma introdução a computadores, processadores de texto e planilhas eletrônicas. Na época, aprendemos Lotus 1-2-3 e como criar uma planilha de amortização de empréstimo, o que causou muita angústia e impediu o crescimento espiritual de muitos. Vários formandos em ministério perderam progressivamente a santificação nessa aula. Mas eu amava essa matéria. Em especial quando aprendi quanto se paga de juros no empréstimo para comprar uma casa, e que, muitas vezes, você gasta de fato mais em juros que no preço da casa. Perturbador!

Depois de eu concluir o curso de Negócios, o professor me pediu para ser tutor de classe e agarrei essa oportunidade. Em um ano, estava liderando os tutores e dirigindo os laboratórios para computação acadêmica.

Amy esperou até o penúltimo ano para cursar essa temida matéria, o que foi perfeito porque a essa altura eu era o tutor. Ela recebeu atenção especial. Mas foram necessárias algumas semanas apenas para o professor perceber que Amy não tinha paixão nem entusiasmo por sua aula. Isso o levou a ter uma conversa de pai para filho comigo.

— Ted, entendo que você está levando Amy Freitag bastante a sério, certo? — inquiriu ele.

— A sério? Planejo casar com ela — respondi.

Ele parou. Podia adivinhar que ele tinha alguma coisa difícil para dizer, mas lutava com as palavras.

— Você sabe que ela não está nada interessada nas minhas aulas? — continuou ele.

— Sei sim, como a maioria dos alunos — respondi com uma mistura de respeito e de sarcasmo. Adivinhava a que ponto ele queria chegar, mas não achava que tentaria desencorajar nosso casamento porque ela odiava calcular fórmulas no Lotus 1-2-3. Eu estava errado. Ele chegou até esse ponto.

— Você precisa pensar nisso, Ted — encorajou-me ele, com sua maneira de dizer: — Ted, você gosta tanto de planilhas eletrônicas; como pode casar com alguém que não gosta?

Saí da sala sem dizer mais nada, e não discutimos o assunto durante o resto do meu último ano.

Quando Amy e eu nos casamos, eu era um pastor com dupla vocação. O amigo que arranjou o nosso primeiro encontro se formara na Liberty um ano antes de mim e era pastor da Southside Baptist Church, em Lakeland, Geórgia. Ele me ofereceu um emprego como associado, mas só podia pagar R$ 20 mil por ano. Eu sabia que o meu chamado era para ser pastor, mas o pagamento não era suficiente para cobrir as contas. Sabia que tinha de arranjar outro emprego para conseguir que Amy e eu começássemos a vida, bem como para cumprir meu chamado para o ministério.

Tive a oportunidade de me tornar professor, mas em vez disso escolhi ser administrador de sistemas no Lowe's Distribution Center. O único motivo de ter seguido o caminho da tecnologia foi tempo e dinheiro. Eu precisava de um emprego de tempo integral que não exigisse trabalhar no fim de semana nem à noite e que pagasse bem. Queria conseguir o máximo de dinheiro possível enquanto tinha muito para servir no meu papel na igreja. A programação de computadores não estava no topo da minha lista — eu pensava odiar isso —, mas na faculdade adquiri habilidade para fazer algum dinheiro extra.

Amy tem centenas de habilidades que, ao longo dos anos, têm servido para nós. Enquanto estava na Geórgia, ela trabalhou em uma livraria cristã. Também tem paixão por decoração de interiores. Tem visão de como deve ser a aparência de uma sala. Transformou isso em um contrato de trabalho para colocação de bordas e papel de parede e pintura de casas. Uma entrada extra como essa sempre é bem-vinda, sobretudo no início da vida a dois.

Por que a competência faz parte do nosso aconselhamento pré-marital na Woodland Hills? Tenho duas respostas para essa pergunta: *esperança* e *lamúria*.

O trabalho habilidoso, em geral, é mais valorizado que o trabalho árduo. Quanto mais habilidade você tem, mais atraente é para os futuros empregadores. Quero que os jovens casais tenham esperança, quando se casam, e consigam ganhar dinheiro de muitas maneiras distintas.

Detesto lamúria. Certa vez, recebi no Facebook a mensagem de um universitário perguntando se a igreja podia ajudá-lo com o aluguel. Respondi perguntando ao jovem solteiro se ele trabalhava 40 horas por semana e nunca obtive uma resposta dele.

Na estrada da responsabilidade, não acho que os jovens tenham de ligar para casa a fim de pedir ajuda para pagar o aluguel. Seja criativo e pegue um trabalho temporário para resolver as dificuldades financeiras. Vá a uma agência de empregos temporários para ganhar uns 200 reais extras. Encontre um emprego sazonal de um dia ou dois por semana durante o auge da estação. Há centenas de maneiras de ganhar dinheiro. Se for necessário, aprenda uma nova habilidade que torne você mais atraente para os empregadores potenciais. Tente coisas novas. Declarações como "não posso" ou "não sei fazer isso" não levam a lugar nenhum. Se você tentar e falhar, tudo bem. Mas pelo menos faça um teste. Pegue um trabalho monótono para sustentar sua família, mas sempre tenha a ambição de conseguir mais. Nunca deixe de aprender nem de trabalhar.

Amy e eu estamos casados há catorze anos, e tenho tido dupla vocação quase o tempo todo. Até hoje, sou pastor, escritor e palestrante e, no seminário, mantive três empregos distintos. Fazia três matérias por semestre, trabalhava como administrador de rede em uma firma de engenharia civil, liderava a adoração em uma igreja nos fins de semana e trabalhava em casa fazendo programação leve para um *site* bíblico. Talvez você me julgue faminto por dinheiro, mas eu adorava pagar à vista minha instrução no seminário.

Acredito que tanto o trabalho habilidoso quanto assumir mais de um emprego são totalmente bíblicos. Jesus foi carpinteiro treinado, e o apóstolo Paulo era fabricante de tendas. Paulo fazia tendas para que pudesse viver seu chamado, conforme observamos em Atos dos Apóstolos 18.2-4: "Paulo foi vê-los e, uma vez que tinham a mesma profissão, ficou morando e trabalhando com eles, pois eram fabricantes de tendas. Todos os sábados ele debatia na sinagoga, e convencia judeus e gregos".

O vaqueiro Scotty e suas duas esposas

Em uma recente viagem de palestras, minha família e eu andamos a cavalo pelo Parque Nacional das Montanhas Rochosas, em Estes Park, Colorado. A nossa família deixou o guia, um vaqueiro chamado Scotty, intrigado. Então, ele me fez uma pergunta típica de homem:

— O que você faz para viver?

— Sou pastor — disse.

— Isso é muito legal — respondeu ele. — O que os trouxe a Estes?

— Estou dando uma conferência para homens alguns quilômetros estrada acima — respondi.

— O que você diz em uma conferência para homens? — perguntou ele.

182 ♥ Jovem e apaixonado

— Falo sobre o casamento e o que é necessário para ser um ótimo marido — disse enquanto ele puxava o cavalo do meu filho de 5 anos. Ele continuou:

— Oh, casamento não funciona realmente para mim. Tentei duas vezes.

— Scotty, sabe o que os pesquisadores estão descobrindo? O casamento não é o motivo do divórcio — disse.

— Sou vaqueiro e sempre serei vaqueiro. Só posso casar com uma mulher disposta a viver com um vaqueiro — replicou ele.

— Como posso orar por você, Scotty? — respondi.

Divorciar-se por causa de sua ocupação é simplesmente tolice porque as habilidades de casamento sempre devem vir antes das habilidades do trabalho. Se for necessário, precisamos estar dispostos a adaptar o que fazemos no mundo do trabalho por causa de nosso casamento. Jesus e Paulo são ótimos exemplos de ter um trabalho aparentemente sem valor eterno a fim de cumprir o propósito supremo de extrema relevância eterna. Paulo expôs isso da seguinte maneira: "Tudo o que fizerem, façam de todo o coração, como para o Senhor, e não para os homens" (Colossenses 3.23).

Diário de *Jovem e apaixonado*

Observe as seguintes habilidades e, depois, esboce algumas maneiras pelas quais você pode transformar as suas competências pessoais em renda, tanto no longo quanto no curto prazo:

Entretenimento: atuar, dançar, falar ou fazer mágica.

Artes: conceitualizar, pintar, desenhar, fotografar ou traduzir.

Gráficas: esboçar, desenhar e criar exposição visual ou *banners*.

Planejamento: preparar estratégia, planejar e organizar programas e eventos.

Gerenciamento: supervisionar as pessoas para realizar uma tarefa e coordenar os detalhes envolvidos.

Aconselhamento: ouvir, encorajar e orientar com sensibilidade.

Ensino: explicar, treinar, demonstrar ou tutorear.

Escrita: escrever artigos, cartas ou livros.

Reparo: consertar, restaurar ou manter.

Alimentação: criar refeições para grupos grandes ou pequenos.

Mecânica: operar equipamentos, ferramentas ou maquinaria.

Cálculo: trabalhar com números, dados ou dinheiro.

Serviços: servir mesas, fazer camas ou limpar salas.

Relações públicas: lidar com queixas e clientes com cuidado e cortesia.

Recepção: transmitir calor, desenvolver compreensão e fazer que os outros se sintam confortáveis.

Paisagismo: fazer jardinagem e trabalhar com plantas.

Decoração: embelezar um cenário para um evento especial.

Manutenção: manter de forma eficiente algo que já está organizado.

Qual é o seu plano para conseguir renda e sustentar o seu casamento?

Se você está planejando continuar a faculdade depois do casamento, como isso funcionará?

Os seus planos para casamento e educação afetam o tipo de trabalho que você faz? Por quê?

É necessário você se transferir para garantir um emprego?

Alerta de raposa: O desemprego

Uma das minhas citações favoritas de Dave Ramsey[2] é quando diz aos jovens: "De todos os milionários que conheço, nenhum deles sabe quem foi votado para sair da ilha". Ele se refere ao *reality show Survivor* [Sobrevivente] e à mania geracional por TV-realidade. Há muitas maneiras de fazer dinheiro, e assistir à televisão não é uma delas, a menos é claro que você seja um guarda de segurança no terceiro turno. Saia dessa, seja criativo e busque rendas alternativas para poder casar ainda jovem.

---

[2] Personalidade norte-americana da televisão e do rádio que se dedica à publicação de livros e palestras sobre educação financeira. [N. do R.]

Capítulo 11

O chamado

> Oro também para que os olhos do coração de vocês sejam iluminados, a fim de que vocês conheçam a esperança para a qual ele os chamou, as riquezas da gloriosa herança dele nos santos e a incomparável grandeza do seu poder para conosco, os que cremos, conforme a atuação da sua poderosa força.
>
> — Efésios 1.18,19

Ele é um artista dotado. Ela foi para a Argentina a fim de servir no campo missionário. Eles deveriam se casar tendo chamados tão distintos?

Foi-me feita essa pergunta enquanto eu falava na Universidade Liberty alguns anos atrás. Esse jovem receava que o casamento pudesse ser um obstáculo para o chamado individual de Deus para cada um deles. O meu primeiro pensamento foi: *Você não pode fazer arte em qualquer lugar?* Eu achava que a Argentina seria um ótimo lugar para começar a vida como artista. Podia estar errado. No entanto, mais importante que isso, senti que ele precisava entender melhor o chamado.

Chamado é uma palavra ambígua no vocabulário da igreja. Acabamos usando o termo para qualquer coisa que queremos fazer ou nos abster de fazer. Tudo o que o indivíduo tem a dizer é: "Não sinto o chamado para fazer isso" no local indicado para preencher o espaço em branco, e está fora de perigo de ter de trabalhar com meninos do ensino fundamental ou o que quer seja.

Biblicamente, todo cristão é chamado. Solteiro ou casado, se você é cristão, é também chamado. Paulo expôs a teologia do chamado desta maneira: "Oro também para que os olhos do coração de vocês sejam iluminados, a fim de que vocês conheçam a esperança para a qual ele os chamou" (Efésios 1.18). O chamado não é algo reservado para os cristãos superespirituais. Você, a sua família, o seu casamento e a sua vocação devem proclamar a vida e as práticas de Jesus em todas as situações da vida. *Esse* é o seu principal chamado.

Quando você começa a entender essa verdade no seu coração, isso tira a sua vida do mundano. Essa verdade traz sentido para o trabalho que você não consegue suportar. Quando você se levanta de manhã e pergunta: "Qual o propósito de tudo isso?", encontra agora uma resposta.

Você é um ministro em qualquer carreira que escolher. Não interessa se você faz artesanato ou vende imóveis — você foi chamado. O perigo do orgulho fica à espreita quando restringimos a ideia de chamado a alguns cristãos iluminados. Esse uso irreverente do chamado produz líderes religiosos com atitude elitista. E não se esqueça: Jesus se dirigiu muitas vezes aos líderes religiosos com atitudes elitistas, e nada do que falou a respeito deles era bom. Todo o modelo de ministério do Novo Testamento é que os líderes não estão acima de você. Eles não têm um chamado que supera o seu chamado.

O problema é que os valores do nosso mundo são o oposto dos valores de Deus. O mundo não tem nenhuma ideia do que as Escrituras descrevem como "chamado" ou de como a perspectiva de Deus chama e prepara as pessoas para servi-lo por intermédio do trabalho delas no mundo. A nossa cultura, ao contrário, encoraja-nos a subir uma escala identidade/trabalho que, em última instância, só serve a você mesmo e, com frequência, é autodestrutiva.

Deus nos chama a uma base muito mais estável para a nossa relevância. Ele quer que determinemos a nossa identidade no fato de que somos seus filhos, criados por ele para fazer boas obras como pessoas responsáveis em seu Reino (Efésios 2.10). Esse é o nosso chamado ou vocação de Deus. De acordo com as Escrituras, nosso chamado

- é irrevogável (Romanos 11.29);
- é de Deus; ele quer que compartilhemos a glória de Cristo (2Tessalonicenses 2.14);
- está relacionado a como Deus nos criou (Efésios 2.10);
- é uma garantia de que Deus nos dará tudo aquilo de que precisamos para servi-lo, incluindo a força para permanecer fiel a ele (1Coríntios 1.7-9);
- é o que deve ser proclamado como a nossa verdadeira identidade (2Pedro 2.5,9);
- guia-nos em meio ao sofrimento (1Pedro 2.19-21);
- está enraizado na paz, independentemente das circunstâncias nas quais nos encontramos (1Coríntios 7.15-24);
- está focado em realizações eternas, não apenas nas temporais (Filipenses 3.14—4.1).

Os cristãos, acima de tudo, são chamados a desenvolverem o caráter, a servir os outros e a ser leal a Deus. Essas coisas podem ser

188 ♥ Jovem e apaixonado

realizadas em qualquer lugar, não importa onde vivamos ou trabalhemos, nem qual é a nossa condição ocupacional ou posição na sociedade. Se perseguirmos esses objetivos, podemos desfrutar de grande satisfação e relevância.[1] O casamento pode mudar a direção do seu chamado em 180º. Deus pode usar outra pessoa para o dirigir, acender a paixão pela vida e redirecionar os seus planos de carreira. Por isso, você deve ser razoável neste último ingrediente. Você não precisa recusar um pedido de casamento porque o seu cônjuge potencial tem um chamado "oposto". Sou agradecido por Amy não ter se afastado de mim, permitindo que Deus a usasse para fundir os nossos caminhos.

Meu chamado e Amy

Graduei-me com especialidade em administração pública pela Universidade Liberty, pois tinha uma forte paixão por trabalhar na "máquina política" chamada Washington D.C. Dediquei os três primeiros anos da faculdade aos preparativos para realizar o meu sonho de fazer estágio. Concluí todas as matérias certas, trabalhei em múltiplas campanhas políticas em Ohio, Tennessee e Virgínia e até acompanhei muitos grupos de *lobby* enquanto me preparava para o último ano de faculdade.

No outono de 1995, antes que o meu namoro com Amy ficasse realmente sério, fui convidado para servir em posição muitíssimo procurada no Comitê Político Republicano do Senado dos Estados Unidos, coordenado pelo senador Bob Nichols. Era o *sonho*. Para começar, era uma posição remunerada — daquelas raras. Segundo, o estágio me garantia um emprego certo depois da faculdade.

---

[1] **The Word in Life Study Bible:** New Testament Edition. Nashville: Thomas Nelson, 1993. p. 180.

Quando recebi o telefonema, fiquei chocado com a resposta que saiu da minha boca!

O jovem legislativo foi muito gentil e estava orgulhoso em me oferecer o trabalho:

— Ted, gostaríamos que você viesse trabalhar para o Senado dos Estados Unidos.

Você não recebe ofertas como essa todos os dias. Depois de me informar sobre os termos e o pacote financeiro, ele esperou pela minha resposta.

— Agradeço a oportunidade, mas, no momento, sou obrigado a declinar — eu disse sem hesitar. — Estou voltado para uma direção totalmente diferente.

Eu não tinha ideia de qual seria essa nova direção, mas estava satisfeito em esperar e ver como Deus me guiaria no meu último ano da faculdade.

Para ser totalmente honesto com você, eu queria desesperadamente me casar com Amy Freitag. A minha escolha era Amy ou o Senado dos Estados Unidos. Nenhuma competição! Se eu tivesse deixado a Liberty por um semestre, ela teria ido embora. Você pode argumentar comigo sobre a soberania de Deus, mas lembre-se de que a Liberty era um cenário de namoro realmente competitivo.

No verão antes de Amy e eu realmente começarmos a namorar sério, ela serviu em uma vila pobre na ilha de Moloka'i. Recebi diversas cartas dela enquanto estava ali e sabia que seu coração estava sendo guiado em direção a missões. As cartas eram cheias de paixão e visões para sua vida.

Isso segue na direção oposta da pressão sobre os jovens de hoje. A maioria dos jovens de hoje é educada para, em primeiro lugar, construir sua carreira. Mas um equívoco desse conselho é que Deus pode usar o cônjuge para ajudar a firmar a sua carreira e o seu chamado. Deixei a carreira em compasso de espera em favor do casamento e estou contente por ter feito isso. Amy fez parte desse redirecionamento.

E se aplicarmos ao contexto da faculdade essa linha de raciocínio de "espere e se estabeleça", usada com frequência para o casamento? A maioria dos meus amigos tem um emprego e uma carreira em um campo totalmente desconectado de sua formação universitária. Entre os 18 e os 24 anos, dedicamos quatro anos e muito dinheiro com base em uma escolha educacional para a qual ainda não estávamos preparados. Seria lógico esperarmos estar estabelecidos antes de fazer a faculdade no campo que escolhemos? Não, não seria. A faculdade não é desperdiçada porque ainda não estamos maduros. Pode-se argumentar que a faculdade, na verdade, desempenha um papel no processo de amadurecimento.

O mesmo poderia ser dito do casamento. Embora o casamento seja uma decisão muito mais pesada que um diploma de faculdade, ainda é uma ajuda valiosa no nosso processo de amadurecimento. Amy e eu ainda estamos crescendo, aprendendo e, isso mesmo, amadurecendo.

O dr. James Merritt, pastor da First Baptist Church, em Snellville, Geórgia, veio ao *campus* algumas semanas depois de eu ter recusado a posição no Senado dos Estados Unidos. Amy e eu começamos a namorar sério naquele fim de semana. O pastor do nosso *campus* convidou todos os assistentes residentes, líderes de oração e diretores espirituais para uma noite de sexta-feira e um sábado de treinamento no qual o dr. Merritt seria o palestrante. Enquanto eu estava sentado ali, algumas filas atrás de Amy (ela estava sentada com sua equipe), ouvia enquanto o dr. Merritt falava sobre os objetivos de vida que tinha desenvolvido enquanto estava na faculdade. Eles se alinhavam quase perfeitamente com os meus: independência financeira por volta dos 25 anos e ser milionário por volta dos 30 anos. Enquanto ele discorria sobre sua jornada profissional e sobre como se tornara pastor, eu soube, naquela noite, que seria um servidor público, mas não do governo. Naquela noite, eu disse a Amy que a nova direção para a minha vida seria o ministério na igreja em tempo integral.

Roger e Kari

Roger e Kari Gibson se casaram jovens, mas não tinham ideia de onde estariam em seu 20º aniversário de casamento. Eles namoravam desde o ensino médio e se casaram quando os dois estavam no começo da casa dos 20 anos. Tentaram todos os diferentes tipos de ministérios. Certa vez, ele achou que poderia ser escritor, depois, palestrante e, a seguir, microempresário. Ela gostava de ensinar, publicar livros infantis e amava ser mãe.

Criar uma família consumiu Roger e Kari nos primeiros anos de casados. Dois anos atrás, porém, Deus pôs uma visão no coração de ambos. Eles se sentiram levados a adotar o bebê Zoie da Etiópia. A minha esposa e eu tivemos o privilégio de estar na sala quando Kari baixou as primeiras fotos de Zoie. A sala se encheu de gritos, lágrimas, abraços e gestos de aprovação. Foi um dia maravilhoso.

Aí, chegou o dia "D" — o dia em que eles conheceriam Zoie e a trariam para casa. Toda a família Gibson voou para a Etiópia para buscá-la, mas surgiram problemas. Acidentalmente, alguém escrevera errado o nome de Roger. Eles tinham escrito Robert. Isso atrapalhou tudo e forçou a família a ficar no país por mais duas semanas.

Durante essas duas semanas, Roger andou pelas ruas da cidade todos os dias com seus filhos, comprando refeições para pessoas que encontrava na rua. Deus atuou em toda a família, mas foi de forma tão gradual que eles não conseguiram nem perceber. Ele os estava chamando para um ministério de justiça e misericórdia.

Desde que isso aconteceu, observo a família Gibson receber de braços abertos essa doce princesinha africana em sua casa e amá-la como se tivesse nascido ali. E também observei essa família abraçar uma nova direção em sua vida. Kari iniciou um *blog* (<www.MyCrazyAdoption. com>) que se tornou seu trabalho em tempo integral. Ela agora é defensora, conselheira e arrecadadora de recursos para famílias que estão no processo de adoção. Os Gibson fazem incontáveis viagens missionárias todos os anos e mudaram completamente seu estilo de vida a fim de doar dinheiro aos pobres.

A adoção de Zoie foi uma aventura, mas eles não tinham ideia de que Deus levaria toda a família a uma nova direção. Deus age de maneiras poderosas por intermédio de casais. Da mesma maneira, o casamento pode mudar a direção da sua vida e aprimorar a qualidade do seu ministério. Salomão assim o descreve: "Um cordão de três dobras não se rompe com facilidade" (Eclesiastes 4.12).

Diário de *Jovem e apaixonado*

Seu(sua) noivo(a) ou outra pessoa importante para você tem uma visão de vida? Você tem?

Qual é o seu plano para essa visão?

Existe um caminho comum que vocês sentem que os direciona?

Como o casamento beneficiará o seu chamado vocacional?

Alerta de raposa: o ministério

Certa vez, o pastor Bill Hybels disse: "Não permita que o seu trabalho para Deus destrua o trabalho de Deus em você". Tive de aprender logo no início do ministério que até mesmo o meu trabalho para Deus podia destruir a obra de Deus no meu casamento e na minha família.

Capítulo 12
Primeiros sinais de problema

O amor parece o mais rápido de todos os crescimentos, porém é o mais lento. Nenhum homem ou mulher sabe o que realmente é o amor perfeito até que eles estejam casados por um quarto de século.

— Mark Twain

A revista *Time*, em 2009, publicou um artigo intitulado "O pior, depois o melhor: por que enfrentar os eventos estressantes da existência no começo da vida conjunta pode levar à longevidade". O artigo afirma que, embora "os eventos estressantes da existência frequentemente aumentem os problemas do casal [...] e a probabilidade de divórcio, os estudos também mostram que as dificuldades podem ter um lado positivo. Para alguns casais, elas são protetoras, ajudando a solidificar o compromisso em uma resolução inabalável do tipo 'nós contra o mundo' ".[1]

---

[1] SHARPLES, Tiffany. For Worse, Then for Better: Why Facing Stressful Life Events Early in Coupledom Can Lead to Longevity. **Time**, 8 de agosto de 2009.

194 ♥ Jovem e apaixonado

O artigo prossegue e cita William Doherty, psicólogo e pesquisador de casamento, que explica por que os eventos estressantes podem resultar em um casamento mais sólido. Uma crise "acaba com a ilusão de invulnerabilidade, [...] [algo que] iria acabar de todo jeito, e não creio que haja uma grande perda em ela chegar mais cedo, em vez de mais tarde".[2]

John Gottman, pesquisador e especialista em casamento, acredita que há dois prognosticadores essenciais da resiliência de um relacionamento: apoio mútuo e disposição para fazer sacrifício. Scott Stanley, diretor do Centro de Estudos Conjugais e da Família da Universidade de Denver, e seus colegas descobriram que a disposição de renunciar aos interesses pessoais e pôr as necessidades do par à frente das suas próprias está diretamente ligada a um casamento feliz e de longa duração — uma vez que os sacrifícios não sejam prejudiciais ou unidirecionais.[3]

O casamento de jovens e de pessoas mais velhas enfrentam da mesma maneira lutas, sofrimento e conflito. A longevidade e a satisfação conjugal experimentada como casal depende de vocês. Não tem nada que ver com idade e tem tudo que ver com como vocês processam de forma madura o sofrimento que enfrentarão juntos.

Antes de pensar na sua felicidade, trabalhe o seu caráter

A Bíblia nos informa que Salomão foi o homem mais sábio que andou sobre a terra. Ele tinha conhecimento e percepção sobre tudo — desde como administrar dinheiro a como manter um ótimo casamento. E ele compartilhou sua sabedoria conosco nos livros de Eclesiastes e

---

[2] SHARPNES, Tiffany, **Time**, 8 de agosto de 2009.
[3] Ibid.

Cântico dos Cânticos. Um dos dizeres de Salomão preferidos meus é Eclesiastes 7.3, que declara: "A tristeza é melhor do que o riso, porque o rosto triste melhora o coração". Essa declaração, de início, pode parecer um tanto deprimente, mas eis o que Salomão está realmente dizendo: *O sofrimento nos modela.* Deus pode usar o sofrimento para nos modelar a sua imagem e permitir que o fruto do Espírito cresça na nossa vida de forma mais plena.

O casamento é a melhor ferramenta que conheço para nos tornar mais semelhantes a Jesus porque o casamento edifica o caráter por intermédio da paciência e da perseverança.

O caráter não é edificado da noite para o dia — nem o casamento. Pense em termos de anos, não de semanas ou meses. Leva uma vida inteira. Ninguém na terra conhece você melhor que o seu cônjuge; assim, ele ou ela tem de ser parceiro(a) no desenvolvimento do seu caráter. O seu cônjuge ajuda você a identificar rapidamente as fissuras na sua armadura. Ele ou ela consegue apontar os seus defeitos de caráter, mas só você consegue mudar esses defeitos. Sempre escolha o caráter, mesmo quando isso levar você a uma estrada difícil ou dolorosa. As pessoas que procuram constantemente a saída mais fácil não se tornarão tudo o que Deus as criou para ser.

Você já assistiu a uma maratona? A linha de partida fica cheia de pessoas prontas para correr. Em algumas das corridas mais importantes, como a Maratona de Boston, a pista de corrida parece um mar de gente. Mas o que acontece por volta dos 30 quilômetros? O mar de pessoas se transforma em gotas de água aqui e ali à medida que os corredores se rarefazem. Os que pareciam vigorosos no começo, agora parecem esgotados. Alguns andam. Outros nem estão mais na corrida.

É fácil começar algo novo. Todo mundo consegue começar um novo trabalho ou um novo projeto. Sou particularmente culpado disso porque é fácil começar um projeto em torno da casa. Terminá-lo, bem... esse é um assunto totalmente diferente. Para muitos casais, é simples e natural ser recém-casados. No começo, a paixão é fácil, e a intimidade é maravilhosa, porque o relacionamento está florescendo. Avance rápido vinte ou trinta anos. Como o casal parece agora? Ambos ainda estão apaixonados? Conseguiram resistir aos períodos econômicos difíceis, a perdas de emprego, paternidade e a morte de entes queridos — e ainda estimulam um ao outro?

Pegue o bom com o ruim

"Banquete ou fome!" Esse foi o cenário de orçamento nos primeiros dez anos do nosso casamento. Às vezes, tínhamos dinheiro para gastar em férias; outras vezes, não tínhamos nada; e, logo no início, não tínhamos vergonha de caixas de ovos servirem de mobília para nós. O começo típico de um casamento é na categoria "baixa renda". Quando se trata de bons e maus momentos, logo penso nos tempos de plenitude *e* nos tempos de necessidade.

Um dos principais motivos para o divórcio é o dinheiro. Mas tenho novidades para você: o dinheiro não causa o divórcio, e o dinheiro *não* é a raiz de todo o mal. É o amor ao dinheiro que é mau. Apenas se lembre de que, quando você diz "na riqueza e na pobreza", provavelmente você começa o casamento na pobreza.

No Antigo Testamento, Jó teve bons momentos. Teve uma família, terra, posses e saúde. Mas, no grande teste de sua vida, sua fé foi desafiada. Após perder os filhos, a propriedade e a saúde (o que eu chamaria de maus momentos), sua esposa cansou. Ela não conseguia entender o teste e implorava para o marido desistir e morrer: "Então sua mulher lhe disse: 'Você ainda mantém a sua integridade? Amaldiçoe a Deus, e morra!' Ele respondeu: 'Você fala como uma insensata. Aceitaremos o bem dado por Deus, e não o mal?' Em tudo isso Jó não pecou com seus lábios" (Jó 2.9,10). O seu casamento equilibrará os bons tempos com os maus tempos? Você permitirá que os problemas os aproximem mais ou os afastem mais?

Trabalhe no seu próprio caráter, não no caráter do seu cônjuge

Você consegue mudar suas próprias expectativas e 100% de si mesmo, mas não consegue mudar toda a sua realidade sozinho, por isso essa mudança inclui o seu cônjuge. Sugiro que você comece esse processo fazendo as seguintes perguntas: Preciso mudar ou ajustar as minhas expectativas? Quais das minhas expectativas são razoáveis e quais não são? Quais são fundamentadas na verdade bíblica e quais não são?

Você é responsável por seu coração, humor, palavras e expectativas no relacionamento. Decida não forçar o seu par a mudar porque você verá que, ao deixar o seu par livre dessa obrigação, isso mudará a atmosfera do seu casamento e da sua casa. Não só você se sentirá mais leve, mas o seu cônjuge também se sentirá assim. O objetivo dessa mudança é você e o seu cônjuge conseguirem sentar juntos e criar expectativas novas, realistas e bíblicas para o futuro.

Reinhold Niebuhr, na Oração da Serenidade, lembra-nos que não precisamos estar no controle de tudo à nossa volta, incluindo pessoas, lugares e coisas.

Concede-me, Senhor,
a serenidade necessária
para aceitar as coisas que não posso modificar,
a coragem para modificar as que eu posso
e a sabedoria para distinguir uma da outra —
vivendo um dia de cada vez,

desfrutando um momento de cada vez,
aceitando as dificuldades como um caminho
para alcançar a paz,
considerando o mundo pecador como ele é,
e não como gostaria que ele fosse,
confiando em Deus para endireitar todas as coisas
para que eu possa ser moderadamente feliz nesta vida
e sumamente feliz contigo na eternidade. Amém.[4]

Muitos de nós, no dia do casamento, temos em mente um mundo de conto de fadas, uma história de final feliz da qual faremos parte, sem problemas, discórdias ou preocupações. O fundamental para resolver o sofrimento que surge quando essas expectativas não são realizadas não é tentar ajustar o comportamento do seu par; antes, assumir a responsabilidade pessoal por suas próprias expectativas. A seguir, você pode harmonizar as suas expectativas com as de seu par. Vocês dois descobrirão que, quando amam um ao outro e se esforçam para se tornarem um "time casado", ajustam as expectativas para estar em sincronia com a realidade e, com isso, experimentarão um compromisso muito maior um com o outro.

É o hiato entre o que você espera e o que realmente vivencia que pode drenar a sua energia. Para reduzir esse estresse, o casal pode fazer junto uma lista de todas as suas expectativas e começar a planejar como diminuir o hiato entre essas expectativas e a realidade. À medida que começar a entender as expectativas de Deus para você e seu casamento, o Espírito do Senhor revelará as áreas que exigem mudança e o convencerá da necessidade de mudar. Lembre-se: você não consegue mudar

---

[4] Disponível em: < http://vozconsciencia.blogspot.com.br/2011/03/oracao-da-serenidade-de-reinhold.html>. Acesso em 02 abr. 2013.

o seu cônjuge, mas Deus deu a você poder para mudar a si mesmo. Confie em Deus e acredite que ele atua na vida dos outros para fazê-los crescer e transformá-los de maneiras que você não pode. Algumas das mais altas expectativas que temos são para nós mesmos. Sei que, quando não satisfaço as minhas próprias expectativas, fico tentado a me subestimar com solilóquios negativos. Mas descobri que preciso adotar uma abordagem diferente. Comecei a reconhecer esses momentos como oportunidades para celebrar as minhas fraquezas. As Escrituras nos lembram: "Minha graça é suficiente para você, pois o meu poder se aperfeiçoa na fraqueza" (2Coríntios 12.9). As nossas fraquezas são uma oportunidade para Deus ser glorificado. Na verdade, a força de Deus se torna perfeita quando somos fracos. Quando percebo isso, posso abordar as minhas deficiências de uma maneira saudável.

Sempre que entrego as minhas expectativas aos pés de Jesus, consigo deixar de lado as pequenas coisas e focar apenas nele. Ainda tenho expectativas imensas, mas agora elas estão todas "nas coisas do alto, e não nas coisas terrenas" (Colossenses 3.2). Amo ver a fidelidade de Deus atuando em mim quando descanso nele e em suas palavras por intermédio do poder do seu Espírito. Isso não é uma expectativa do tipo "castelo no ar", e isso se tornou uma realidade para mim. Ele é a minha vida. Cerca de cem de seus versículos bíblicos mais importantes têm sido impressos no meu coração por meio da memorização, e medito neles diversas vezes durante o dia. Nada me mudou mais e me deu mais realização que meditar nas palavras de Deus e descansar nele diariamente por toda a minha vida e sempre que precisar.

Não desista

Quero ser bem claro que, ao dizer "Decida persistir", não estou falando sobre permanecer em uma situação abusiva. Não estou de maneira alguma encorajando você a permanecer em um relacionamento em que há atividade criminal, abuso físico, abuso de drogas, adultério habitual ou exibição de pornografia forçada para os filhos ou cônjuge.

Quando digo "Decida persistir", estou falando sobre questões relativamente triviais que são responsáveis pela maioria dos divórcios atuais. Muitos casais que encontro usam motivos fracos para tentar justificar o divórcio: "Estamos cada vez mais afastados"; "Não olhamos mais olho no olho"; "Perdemos aquele sentimento de amor"; "Não conseguimos superar os problemas financeiros". Esses não são motivos para o divórcio.

Nem tudo precisa ser uma batalha primordial, de modo que aconselho você a escolher as batalhas com cuidado. Implicâncias e particularidades irritantes de personalidade são as coisas que definitivamente não precisam virar cavalo de batalha. Além disso, escolha as palavras com cuidado. Jamais use palavras de baixo calão ou ofensivas, nem mesmo como parte de um toque de ímpeto para uma anedota. Não provoque o seu par com palavras como "o meu próximo cônjuge" ou "vou trocar você por duas/dois de 20" ou alguma coisa do tipo. E escolha cuidadosamente a sua audiência. Viva o seu compromisso com o casamento na frente dos seus filhos. Eles precisam de segurança, em especial se sentem ou ouvem a ameaça de divórcio.

Submeta-se à autoridade da sua igreja

Imploro que você se ligue a uma sólida igreja local no dia em que voltar de sua lua de mel, caso ainda não seja um membro. Junte-se a um pequeno grupo ou escola dominical em que possa estar em companhia de outros cristãos. Dê liberdade às pessoas da comunidade para aconselhar você. O seu jovem casamento conta com isso. Submeta-se aos líderes da igreja e respeite a autoridade deles. Não fuja quando eles falam ou fazem algo de que não gosta porque você precisa deles para apontar o pecado na sua vida. Às vezes, eles precisam apontar o pecado que está evidente. Outras vezes, precisam apontar o pecado que o está levando para um caminho ainda mais destrutivo. "Os pecados de alguns são evidentes, mesmo antes de serem submetidos a julgamento, ao passo que os pecados de outros se manifestam posteriormente" (1Timóteo 5.24).

Quando o seu pecado for evidente e incontestável, os bons líderes questionarão você a respeito. Seja um jovem noivo ou uma noiva que ouve quando repreendido(a). Todos precisamos prestar contas, e a igreja está aí para nos ajudar a sermos homens e mulheres de Deus. Siga a liderança deles conforme orienta a Bíblia: "Obedeçam aos seus líderes e submetam-se à autoridade deles. Eles cuidam de vocês como quem deve prestar contas. Obedeçam-lhes, para que o trabalho deles seja uma alegria e não um peso, pois isso não seria proveitoso para vocês" (Hebreus 13.17).

A cerimônia do casamento na igreja é apenas o começo; melhor ainda é viver o casamento na igreja. Amy e eu, já há quinze anos juntos, temos aprendido a pedir apoio à família da igreja e aos homens e mulheres mais velhos da congregação. Não tenha medo de buscar ajuda quando precisar.

Diário de *Jovem e apaixonado*

Quando você é casado, como as lutas do casamento edificam o seu caráter?

Que lutas e sofrimentos você já teve de superar no seu relacionamento?

202 ♥ Jovem e apaixonado

O que você fará para deixar de tentar mudar o seu cônjuge?

Faça uma lista das questões de caráter nas quais você precisa trabalhar.

Você tem uma igreja? Está ligado a ela? Você se submeterá à autoridade da igreja? Procurará a ajuda dos líderes da igreja?

Alerta de raposa: as provações

O casamento entre jovens enfrentará dificuldades, e você tem de escolher se permitirá que essas dificuldades sejam raposas. À medida que abre o seu coração para Deus, passa a observar que todas as dificuldades têm "gemas espirituais". Cace o tesouro para encontrar essas gemas e aprenda com cada provação enfrentada com o seu cônjuge. Paulo diz que o sofrimento produz caráter (Romanos 5.3,4), e Tiago nos exorta: "Meus irmãos, considerem motivo de grande alegria o fato de passarem por diversas provações, pois vocês sabem que a prova da sua fé produz perseverança. E a perseverança deve ter ação completa, a fim de que vocês sejam maduros e íntegros, sem lhes faltar coisa alguma" (Tiago 1.2-4). A ideia não é que as provações destruam o cristão; ao contrário, Deus as utiliza para nos tornar mais semelhantes a Cristo.

Capítulo 13

Coma, beba e case-se

> Desfrute a vida com a mulher a quem você ama, todos os dias desta vida sem sentido que Deus dá a você debaixo do sol; todos os seus dias sem sentido! Pois essa é a sua recompensa na vida pelo seu árduo trabalho debaixo do sol.
>
> — Eclesiastes 9.9

A vida é dura, você morre e, depois, é esquecido. Esse é o esboço do livro de Eclesiastes. Você percebe por que as pessoas evitam esse livro — é muito deprimente! Mas, se examinar as pepitas, começará a ver o coração de Deus na sua vida e no casamento.

A maioria das pessoas apontaria Efésios 5 como o principal texto da Bíblia sobre o casamento. Mas fazer isso é negligenciar a principal pepita do casamento do Antigo Testamento. Entendo que devemos dar a vida por nossa esposa, mas acho que Deus nunca pretendeu que escolhêssemos entre a nossa vida e a de nossa esposa. Salomão disse que podemos e devemos desfrutar de ambas.

A vida é uma labuta cansativa. Em Eclesiastes 1, as figuras de linguagem da criação são usadas para explicar a vida neste planeta. A terra é descrita como um moedor que traz canseira.

As palavras do mestre, filho de Davi, rei em Jerusalém:

"Que grande inutilidade!",

diz o mestre.

"Que grande inutilidade!

Nada faz sentido!"

O que o homem ganha

com todo o seu trabalho

em que tanto se esforça debaixo do sol?

Gerações vêm e gerações vão,

mas a terra permanece para sempre.

O sol se levanta e o sol se põe,

e depressa volta

ao lugar de onde se levanta.

O vento sopra para o sul

e vira para o norte;

dá voltas e voltas,

seguindo sempre o seu curso.

Todos os rios vão para o mar,

contudo, o mar nunca se enche;

ainda que sempre corram para lá,

para lá voltam a correr

(Eclesiastes 1.1-7).

Nascemos nesse moedor, e começa a agitação. Enfrentamos momentos difíceis e desafios ao longo da vida. No seu casamento de jovens, você logo entende o cansaço da labuta. Provavelmente experimenta ao máximo esse cansaço ao tentar ganhar a vida. Isso pode ser muito difícil. Sente a labuta quando a carreira desejada não segue conforme o planejado ou quando tenta pagar as contas com uma conta bancária funcionando no vermelho. Tenha em mente que Deus já sabe tudo sobre esse cansaço:

> E ao homem declarou:
> "Visto que você deu ouvidos à sua mulher
> > e comeu do fruto da árvore
> > da qual eu lhe ordenara
> > que não comesse,
> maldita é a terra por sua causa;
> > com sofrimento
> > você se alimentará dela
> > todos os dias da sua vida.
> Ela lhe dará espinhos e ervas daninhas,
> e você terá que alimentar-se
> > das plantas do campo.
> Com o suor do seu rosto
> > você comerá o seu pão,
> até que volte à terra,
> > visto que dela foi tirado;
> porque você é pó,
> > e ao pó voltará
> (Gênesis 3.17-19).

Deus tinha dado um trabalho para Adão fazer antes de o pecado entrar em cena, mas o trabalho duro e árduo agora faz parte da equação como resultado da desobediência de Adão. Tome cuidado para não jogar o cansaço da labuta sobre o seu cônjuge.

Não desista do texto. Precisamos ir um pouco mais adiante nesse túnel antes de começar a ver a luz do dia. Quanto tempo dura o cansaço da labuta? A Bíblia diz que dura todo o caminho até o fim:

> Os anos de nossa vida chegam a setenta,
> ou a oitenta para os que têm mais vigor;
> entretanto, são anos difíceis
>   e cheios de sofrimento,
> pois a vida passa depressa,
>   e nós voamos!
> (Salmos 90.10).

A idade não livra você do cansaço da labuta. Mesmo se você tiver 80 anos de idade, a vida será difícil. "Anos difíceis e cheios de sofrimento", nesse texto, significam terrores, dificuldades e dores, e é um mito pensar que, quanto mais velho ficamos, mais fácil se torna a labuta. O dinheiro não pode comprar livramento. Os diplomas não podem sobrepujar isso. A idade e a maturidade não o livrarão do sofrimento e das provações.

Salomão diz realmente que a labuta, no fim, apodera-se do corpo humano. Amo ler Eclesiastes 12 para Amy à noite a fim de nos ajudar a imaginar os nossos anos de velhice na varanda da frente de casa, balançando na cadeira:

> Lembre-se do seu Criador
> nos dias da sua juventude,
> antes que venham os dias difíceis
> e se aproximem os anos
>   em que você dirá:

"Não tenho satisfação neles";
antes que se escureçam o sol e a luz,
a lua e as estrelas,
e as nuvens voltem depois da chuva;
quando os guardas da casa tremerem
e os homens fortes
caminharem encurvados;
quando pararem os moedores
por serem poucos,
e aqueles que olham pelas janelas
enxergarem embaçado;
quando as portas da rua forem fechadas
e diminuir o som da moagem;
quando o barulho das aves
o fizer despertar,
mas o som de todas as canções
lhe parecer fraco;
quando você tiver medo de altura,
e dos perigos das ruas;
quando florir a amendoeira,
o gafanhoto for um peso
e o desejo já não se despertar.
Então o homem se vai
para o seu lar eterno,
e os pranteadores já vagueiam pelas ruas
(Eclesiastes 12.1-5).

Você permanecerá na labuta até o fim, e a única maneira de livrar-se dela é morrer. Ainda se sente encorajado? A vida é dura e, depois, você morre. Por que raios você ainda está lendo este capítulo?

208 ♥ Jovem e apaixonado

Ficamos frágeis, e o nosso corpo começa a sucumbir. Perdemos os dentes. As lentes dos nossos óculos ficam cada vez mais grossas conforme começamos a perder a visão. Permanecemos dentro de casa, e os sons da cidade se tornam cada vez mais fracos para nós. Dormitaremos o dia todo e levantaremos todos os dias às 3 horas da manhã. Caminhar ficará difícil por medo de tropeçarmos. Sua amendoeira florescerá, o que significa que seu cabelo ficará grisalho. Aos 36 anos já experimento isso. Então, logo antes da morte, a relação sexual se torna difícil, se não impossível. O gafanhoto começa a se arrastar. O desejo sexual não desperta mais.

Amo perguntar à minha esposa:

— Amy, você vai me amar quando meu gafanhoto começar a se arrastar?

E sabe o que ela responde? Acho que não, pois ela diz o seguinte:

— Acho que tudo bem. — E, a seguir, ela me pergunta: — O que você vai fazer, Ted, quando o seu gafanhoto começar a se arrastar ?

— O Senhor pode me levar para o lar. A vida terá acabado — replico.

Você ri, mas a Bíblia diz: "[Quando] o gafanhoto for um peso e o desejo já não se despertar. Então o homem se vai para o seu lar eterno, e os pranteadores já vagueiam pelas ruas" (Eclesiastes 12.5). Uma vez que acabou o desejo pelo sexo, o homem está pronto para estar com Jesus no céu.

Eis o nosso resumo: a vida é uma labuta, você envelhece, deixa de ter relações sexuais e, depois, vai para junto de Jesus lá no céu. Há apenas mais uma parte difícil do esboço. Uma vez que morremos, seremos esquecidos.

Quem está entre os vivos tem esperança; até um cachorro vivo é melhor do que um leão morto!

Pois os vivos sabem que morrerão,

mas os mortos nada sabem;
para eles não haverá mais recompensa,
e já não se tem lembrança deles.
Para eles o amor, o ódio e a inveja
há muito desapareceram;
nunca mais terão parte em nada
do que acontece debaixo do sol.
(Eclesiastes 9.4-6).

Voltemos à época em que o leão era um animal selvagem estimado e o cachorro era um sujo morador de rua. Salomão diz aqui que o seu pulso ainda lhe dá uma injeção de vida. A celebridade, o astro do *rock* e o filantropo bilionário, um dia, serão esquecidos. Entramos em bibliotecas, salas de jantar e dormitórios com nomes pendurados acima da porta. A maioria de nós passa debaixo desses nomes milhares de vezes sem ter ideia de quem foram essas pessoas ou do que fizeram para ter um edifício batizado com seu nome. Isso prova que todos seremos esquecidos e que só o que fazemos para Cristo perdurará.

Nos Estados Unidos, quando você morre, eles o colocam em um caixão, empacotam as suas coisas, comem um pouco de salada de batata em um almoço em sua homenagem e seguem a vida. O que tudo isso tem que ver com o casamento? Estamos chegando lá. *Espere.*

Então, o que fazer em meio a essa labuta com o conhecimento de que, um dia, morreremos e seremos esquecidos? O que fazemos em meio à tentativa de pagar a hipoteca da casa, de decidir se devemos fazer uma mudança na carreira ou buscar uma promoção? Salomão nos diz o que fazer: "Você ainda não está morto". Então, você ainda tem uma oportunidade na sua vida.

Viremos a esquina. Deus, em meio à labuta, ainda quer que você desfrute a vida:

Vá, coma com prazer a sua comida e beba o seu vinho de coração alegre, pois Deus já se agradou do que você faz. Esteja sempre vestido com roupas de festa, e unja sempre a sua cabeça com óleo (Eclesiastes 9.7,8).

Você e eu temos responsabilidade na labuta diária. Eu ousaria dizer que parte do seu propósito na vida é brincar e se divertir? Isso mesmo, ouso fazer isso! Você é chamado a desfrutar a vida! Em meio à labuta que é esta vida terrena, enquanto ainda você está vivo, vá e faça alguma coisa. Viva e desfrute a vida! Você precisa encontrar essas diversões e agarrar-se a elas — dividir uma refeição, rir e alegrar-se. Não jogue isso pela janela porque a vida é difícil. Não podemos fazer nada para escapar da labuta. Portanto, nesse meio-tempo, escolha a alegria. E, por causa da bondade, não finja que o seu cônjuge é o moedor.

Deus não deu a minha esposa como parte da labuta; antes, Amy e eu atravessamos a labuta juntos. Da mesma maneira, você não precisa escolher entre a vida e um cônjuge. Pode aproveitar a vida com o seu cônjuge em meio à labuta.

"Desfrute a vida com a mulher a quem você ama, todos os dias desta vida sem sentido que Deus dá a você debaixo do sol; todos os seus dias sem sentido! Pois essa é a sua recompensa na vida pelo seu árduo trabalho debaixo do sol" (Eclesiastes 9.9).

Essa é a única passagem da Bíblia que diz: "Desfrute a vida com a mulher a quem você ama". Você e eu não precisamos escolher entre os dois, e um não sobrepuja o outro. Podemos ter os dois porque o casamento fortalece a vida.

Amo ouvir os rapazes dizendo: "Eu tinha todos os tipos de planos, sonhos e objetivos para o futuro, mas então me casei" ou "A minha esposa e eu tínhamos todo tipo de planos, sonhos e objetivos para o futuro, mas então tivemos filhos". Deixe-me dar o termo hebraico para essas declarações: "besteira"! O seu cônjuge não entrou na sua vida para acabar com a diversão, a atividade, os sonhos e os objetivos. E os seus filhos também não entraram na sua vida para estragar o seu prazer. A labuta tem sua estação. De acordo com o dicionário *Houaiss*, uma estação é definida como "cada uma das quatro partes em que é dividido o ano, com duração de três meses cada, duas com início nos solstícios, e duas nos equinócios: primavera, verão, outono, inverno". Deus criou a Terra em um eixo de 23,5° e a pôs em perfeita rotação em torno do Sol — daí as estações. Aqui em Branson, Missouri, temos as quatro estações bem definidas, embora alguns climas mais extremos possam ter apenas duas: a época da seca e a época das chuvas. Seja qual for o caso, as estações não duram para sempre, e a Terra é sempre renovada pelas novas condições climáticas.

Só é possível desfrutar a vida e o casamento quando você apreende o conceito de estações, porque vivenciará muitas estações na sua vida e no seu casamento. De acordo com Cântico dos Cânticos, o seu amor iniciante de jovem está agora na primavera:

Veja! O inverno passou;
acabaram-se as chuvas e já se foram.
Aparecem flores na terra,
e chegou o tempo de cantar;
já se ouve em nossa terra
o arrulhar dos pombos.
A figueira produz os primeiros frutos;
as vinhas florescem e espalham
sua fragrância.
Levante-se, venha, minha querida;
minha bela, venha comigo
(Cântico dos Cânticos 2.11-13).

Namorar e noivar é uma estação de adiamento. Embora Amy e eu tenhamos ficado noivos durante os meses de verão, entendo o que a futura noiva sulamita está dizendo nessa passagem. A estação de adiamento parece o inverno para ela. O botão se transformou em flor na primavera e marcou o dia do casamento deles.

Temos vivido muitas estações distintas em nosso casamento. A estação do recém-nascido e as do bebê aprendendo a andar foram difíceis, mas logo se transformaram em primavera. A estação do seminário foi uma financeiramente difícil, mas também se transformou em primavera quando me formei e passei a ganhar um pouco mais.

Os meus primeiros anos como pastor sênior foram a estação mais difícil do nosso casamento, mas permanecemos firmes durante todo o período e, desde essa época, desfrutamos muitas primaveras. As estações criam um compasso e um ritmo que sopram esperança no casamento. Obrigado, Pai, pelas estações!

Há uma estação em que o seu casamento precisa ser renovado com regularidade. É a estação da risada.

> Para tudo há uma ocasião certa;
> há um tempo certo para cada propósito
> debaixo do céu:

> Tempo de nascer e tempo de morrer,
> tempo de plantar
> e tempo de arrancar o que se plantou,
> tempo de matar e tempo de curar,
> tempo de derrubar e tempo de construir,
> tempo de chorar e tempo de rir,
> tempo de prantear e tempo de dançar.
> (Eclesiastes 3.1-4)

Ria em meio à labuta e lembre-se de não levar você mesmo muito a sério. Provérbios 17.22 diz: "O coração bem-disposto é remédio eficiente". O seu casamento precisa ter diversas boas doses desse remédio estocadas no armário. O pregador Henry Ward Beecher disse certa vez: "Uma pessoa sem senso de humor é como uma carroça sem mola — é sacudida por todos os pedregulhos da estrada. O humor deixa todas as coisas toleráveis".

Obrigado, Senhor, por nos conceder o dom da risada. Se começarmos a rir mais, talvez consigamos resolver a crise de cuidados com a saúde que assola a nação norte-americana.

Você está em uma ótima estação neste momento, mas ela não durará para sempre. Você precisa disciplinar o seu casamento jovem e certificar-se de incluir muitos momentos de brincadeira, risada e pura diversão!

Diário de *Jovem e apaixonado*

Qual será o maior desafio que o seu casamento de jovens enfrentará?

Como você se guardará de tratar o seu cônjuge como o moedor?

Enumere algumas das atividades que você e a pessoa importante para você ou sua(seu) noiva(o) gostam de praticar.

O que será necessário para impedir que essas atividades se tornem velhas ou entediantes?

Em que áreas do relacionamento vocês precisam alegrar-se?

Alerta de raposa: a labuta

Reconheça quando você começar a olhar para o seu cônjuge como parte da labuta. Você sabe que o transformou em parte da labuta quando as palavras dele começam a soar como algo vindo do professor de Charlie Brown: "Womp-womp, *womp-womp,* womp-womp". Desfrute a vida e o casamento. Superem o moedor *juntos* como uma equipe, não como oponentes.

Índice de passagens bíblicas

Capítulo 1

Cântico dos Cânticos 2.15	13
Cântico dos Cânticos 1.2-4	12

Capítulo 2

Hebreus 13.4	23
1Timóteo 4.1-5	27
Gênesis 3.4,5	27
Efésios 5.32	29
Gênesis 1.26	29
Gênesis 2.18	29
Gênesis 2.23	30
Cântico dos Cânticos 1.2-4	31
Cântico dos Cânticos 1.5,6	33
Cântico dos Cânticos 1.7	34
Cântico dos Cânticos 1.9-11	34
Cântico dos Cânticos 1.12-14	35

Cântico dos Cânticos 1.15-17	37
Cântico dos Cânticos 2.1	37
Cântico dos Cânticos 2.2	38
Cântico dos Cânticos 2.3,4	38
Cântico dos Cânticos 2.5-7	39
Cântico dos Cânticos 2.8-13	40
Cântico dos Cânticos 2.14	41
Cântico dos Cânticos 2.15	42
Cântico dos Cânticos 2.16,17	42

Capítulo 3

Provérbios 18.22	47
1Coríntios 13.11	52
Gênesis 2.24	52
Efésios 5	55
1Timóteo 5.9,10	57
1Timóteo 5.11-15	58
Tiago 1.27	60
1Timóteo 5.1,2	61

Capítulo 4

2Timóteo 1.5	63
Gênesis 2.24	67
1Coríntios 7.8,28	73
Gênesis 2.18	74
Eclesiastes 9.9	74

Índice de passagens bíblicas ♥ 217

Provérbios 18.22	74
Eclesiastes 9.7-9	74
Lucas 17.33	79

Capítulo 5

Cântico dos Cânticos 1.4	81
2Coríntios 6.14,15	87
Deuteronômio 22.10	87
1Pedro 3.1-6	88
1Timóteo 5.22	89
1Timóteo 3.6	89
Cântico dos Cânticos 3.11	89
Efésios 6.1-3	93
Gênesis 2.24	94
Provérbios 19.26	94
Provérbios 30.17	94
Provérbios 1.8,9	95
1Timóteo 5.4	98

Capítulo 6

Atos dos Apóstolos 2.47	99
Hebreus 13.17	100
1Timóteo 4.13	101
Provérbios 22.7	102
Salmos 37.7	103
1Timóteo 6.6-8	103

Salmos 37.21 103

Efésios 2.10 105

Gênesis 3.5 113

Gênesis 2.24 113

Capítulo 7

1Timóteo 4.12 119, 120

1Timóteo 4.10 120

1Timóteo 4.15 120

1Timóteo 4.16 121

1Timóteo 5.1 121

Eclesiastes 12.1 121

Tiago 1.2-4 122

Romanos 5.3-5 122

Gênesis 2.24 125

Efésios 6.4 126

Provérbios 23.22-25 129

Capítulo 8

Efésios 5.1 135

Salmos 78.72 135

Cântico dos Cânticos 2.3 137

Malaquias 2.14 138

1Timóteo 3.12 140

1Timóteo 5.8 141

1Timóteo 2.8 143

Efésios 6.4	144
Deuteronômio 6.6,7	144
1Timóteo 5.9-14	146
Mateus 15.8	146
Provérbios 27.15,16	146
1Timóteo 2.9,10	147
Provérbios 31	149
Efésios 5.1	149
Efésios 5.2	149
Romanos 12.1	150
Efésios 5.3	150, 151
1Timóteo 5.1,2	151
Mateus 6.24	152
Efésios 5.4	152
Tiago 3.2-6	152
Efésios 5.7	153
1Timóteo 4.12	153
Cântico dos Cânticos 3.6	154

Capítulo 9

Cântico dos Cânticos 2.14	159, 161
1Coríntios 7.12-14	161
1Pedro 3.1-6	161
Salmos 139.13-16	166
Romanos 15.7	166
Efésios 4.2	168

Capítulo 10

Êxodo 31.3	173
Atos dos Apóstolos 18.2-4	181
Colossenses 3.23	182

Capítulo 11

Efésios 1.18,19	185
Efésios 1.18	186
Efésios 2.10	187
Romanos 11.29	187
2Tessalonicenses 2.14	187
1Coríntios 1.7-9	187
1Pedro 2.5,9	187
1Pedro 2.19-21	187
1Coríntios 7.15-24	187
Filipenses 3.14—4.1	187
Eclesiastes 4.12	192

Capítulo 12

Eclesiastes 7.3	195
Jó 2.9,10	197
2Coríntios 12.9	199
Colossenses 3.2	199
1Timóteo 5.24	201
Hebreus 13.17	201

Romanos 5.3,4	202
Tiago 1.2-4	202

Capítulo 13

Eclesiastes 9.9	203
Efésios 5	203
Eclesiastes 1.1-7	204
Gênesis 3.17-19	205
Salmos 90.10	206
Eclesiastes 12.1-5	207
Eclesiastes 9.4-6	209
Eclesiastes 9.7,8	210
Eclesiastes 9.9	210
Cântico dos Cânticos 2.11-13	211
Eclesiastes 3.1-4	121
Provérbios 17.22	213

Esta obra foi composta em *Adobe Garamond Pro*
e impressa por Imprensa da Fé sobre papel
Offset 70 g/m² para Editora Vida.